行動分析学入門

杉山尚子
Sugiyama Naoko

まえがき

　私がかつて二夏を過ごした米国ウェスタン・ミシガン大学の心理学者、アラン・ポーリングは、『A Primer of Human Behavioral Pharmacology　ヒトの行動薬理学入門』という本の冒頭で、「Drugs and sex are two topics about which most people have strong opinions and weak understanding.（薬物とセックスというのは、多くの人々が独自の見解を強くもちながら、実態についてはろくに理解していない2大テーマである）」と述べている。薬物とセックスだけでなく、「こころ」についても同じことがいえるのではないだろうか。

　多くの動物種の中で、人間だけが自分と他者の心について関心を寄せてきた。それは心の研究をする心理学者だけに限ったことではない。日常生活の至るところで、私たちは自分はもとより、他者の心についても語っている。心理という言葉は、心理学の専門家だけが振りかざす言葉ではなく、「心理戦」「女性の心理」、はては「優先席の心理」という具合に、日常用語として定着しているといってよい。

　とりわけ、「21世紀は心の時代」という言葉に代表されるように、現代では、20世紀の物質文明からの転換の必要性を多くの人が認識している。また、昨今の社会状況下で発生する、犯罪や児童虐待といったさまざまな痛ましい出来事に対して、人々は強い関心を寄せ、心の復権の重要性

を唱えている。専門家のみならず、あらゆる人々が心について解釈と説明を試みてきた。

しかし、本書の第1章でも述べるように、心理学という分野は一枚岩ではない。人それぞれ心についての見解があって、しかも強く自己主張するのは、何も一般の人々に限った話ではなく、アカデミックな心理学の世界でも同じであり、心に対する考え方は多様なのである。

そのような状況の中で、本書は、1930年代に米国の心理学者B・F・スキナー（1904―1990）が創始した、行動分析学と呼ばれる心理学について、できるだけわかりやすく述べたものである。行動分析学とは、文字通り行動を分析する科学である。行動を分析することがなぜ心理学になるのだろうか。その謎解きは本文を読んでいただくとして、人間の「こころ」を考える際に、心理学という言葉から連想される、これまでの常識的な見方とはだいぶ異なる視点を提供していきたいと思っている。

新書判である以上、紙幅の制約があり、行動分析学が過去70余年にわたって蓄積してきた知見を、ここですべて披露することはとうていできない。したがって、本書が狙ったのは、行動分析学が人間の問題を扱う時の〈核〉となる考え方を伝えることである。

本書によって、読者の皆様が人間の問題を考える際にこれまでと違った新しい視点を獲得し、それを面白いと思ってくだされば幸いである。

目　次

まえがき　3

第1章　心理学をめぐる誤解　9
心とこころ
心理学にはいろいろある
行動分析学は行動の原因を解明する
行動の科学は成り立つのか
行動分析学は行動の問題を解決する
心理学の研究対象
3つのレベル
行動分析学が受け入れる説明
行動分析学的行動観
行動分析とは行動の実験的分析である
行動の原因をどう考えるか
行動にはられたラベルと医学モデル
操作不能の原因
行動分析学が考える行動の原因
行動とは何か
行動とは死人にはできない活動のこと
行動には見えないが行動といえるもの
行動の種類（レスポンデント行動）
オペラント行動
オペラント行動の法則
行動随伴性

個人攻撃の罠

第2章　行動の原理　　45
好子出現の強化
嫌子消失の強化
嫌子出現の弱化
好子消失の弱化
行動は無意識のうちに強化／弱化されることもある
消去と復帰
- 消去
- 復帰

先行刺激による行動の制御
スキナー箱
般化

第3章　行動をどのように変えるか　　77
新年の誓いはなぜ破られるか？
知識こそが行動の源なのか？
具体的な指示を出す―行動的翻訳―
技能に問題がある場合の対処法
シェイピング
チェイニング
随伴性を変える
60秒ルール
抹殺法
新しい随伴性を加える
代替行動という考え方

消去
　　　弱化と消去
　　　行動を増やすには

第4章　スキナーの思想と実験的行動分析　115
　　　スキナーの哲学
　　　はじめはネズミ、そしてハトへ
　　　系統的再現
　　　実験室における人間の行動
　　　嘘は強化できる
　　　強化スケジュール
　　　消去抵抗
　　　バースト
　　　部分強化
　　　なぜ実験か？
　　　偶然を排除するには
　　　単一被験体法という考え方
　　　節約の原理

第5章　言語行動　147
　　　人間の特徴は、言語の使用である
　　　スキナーの『言語行動』
　　　言語は行動である
　　　言語はなぜ行動なのか
　　　言語共同体とは何か
　　　話し手と聞き手の随伴性
　　　言語行動の種類
　　　マンド

タクト
聞き手は話し手の言語行動を強化する？
イントラバーバル
エコーイック
文字が関与する言語行動
言語を随伴性で見るということ
行動の形式と機能
言語行動としての非言語行動
言語獲得
指さしと言語
私的出来事のタクト

あとがき　　185

引用・参考文献　　189

第1章　心理学をめぐる誤解

心とこころ

　本書を手に取って「行動分析学」という言葉をはじめて目にした人も少なくないと思う。しかし、「心理学」という言葉を知らない人はまずいないだろう。もちろん、心理学という学問が本当はどういうものなのか、実態は知らなくとも、少なくとも名前だけは聞いたことがあるはずだ。私がこれまで教壇に立ってきた多くの大学でも、心理学を履修しようとする学生は非常に多いが、彼らになぜ履修を希望するのかと聞くと、「大学生の必修科目だから」「教養の定番だから」と答える学生が少なくない。ただし、ここでいう教養とは本来の意味の教養ではなく、大学で専門科目に対して教養科目と呼ばれる、あの教養のことである。

　しかし、教養科目としてはじめて心理学を学ぶ大学生はもちろん、世間一般の人が心理学に抱いているイメージと、専門家が研究として行っている心理学とではずいぶん異なる。一般の人は、心理学というと、いわゆる臨床系の心理学を思いうかべる。しかし、大学ではそればかりを研究しているわけではない。のちに述べるように、心理学者は動物実験まで行うのだが、世間では誰もそのようには考えていない。大学学部時代、私はある先生から、「大学で心理学の入門講義をする時には、まずブレイン・ウォッシングをする」とはっきり言われた。それまで抱いていた心理学のイメージを完全に捨てさせるのである。

　心理学は、その名が示すように「心」を対象にした学問

であると考えられている。しかし、たとえそうだとしても、その心をどのようにとらえるかが問題となる。心理学でいう「心」とは、必ずしも私たちが日常用語で使っている「こころ」と同じものを意味するとは限らない。日常用語で多くの人が考える時の心とは、「こころ」(気持 feelings)。しかし、心理学でいうところの「心」とは、英語では mind であり、それはむしろ頭の働きを意味する。日本語で「こころ」と言う時は、自分の胸を指さすが、英語を話す人が自分の頭を指さしながら「mind」と言うのを、私は何度も見ている。

心理学にはいろいろある

行動分析学 behavior analysis は、1930年代に米国の心理学者 B・F・スキナーによって創始された心理学の一体系である。一体系というからには、心理学は1つしかないのではなく、いろいろあることになる。学問は多くの場合、それぞれ固有の「学会」と呼ばれる専門者集団を形成する。

2005年の現在、日本では、心理学関連の学会の多くは、日本心理学諸学会連合という任意団体に登録しているが、ここに所属する学会だけでも、次にあげるように41団体もある(順序は日本心理学諸学会連合の名簿にしたがって、50音順である)。

産業・組織心理学会、日本応用教育心理学会、日本応用心理学会、日本カウンセリング学会、日本学生相談学会、

日本家族心理学会、日本感情心理学会、日本基礎心理学会、日本キャリア教育学会、日本教育心理学会、日本グループ・ダイナミックス学会、日本健康心理学会、日本交通心理学会、日本行動科学学会、日本行動計量学会、日本行動分析学会、日本行動療法学会、日本催眠医学心理学会、日本産業カウンセリング学会、日本社会心理学会、日本自律訓練学会、社団法人日本心理学会、日本心理臨床学会、日本青年心理学会、日本生理心理学会、日本動物心理学会、日本特殊教育学会、日本乳幼児教育学会、日本人間性心理学会、日本認知心理学会、日本パーソナリティ心理学会、日本バイオフィードバック学会、日本箱庭療法学会、日本発達心理学会、日本犯罪心理学会、日本ブリーフサイコセラピー学会、日本遊戯療法学会、日本リハビリテイション心理学会、日本理論心理学会、日本臨床心理学会、日本臨床動作学会。

　日本心理学会、日本応用心理学会、日本動物心理学会のように戦前に組織された歴史あるものもあるが、近年創立された新興の学会も多い。

　専門外の人は、心理学といえば何か決まった１つの科学を想像するかもしれないが、心理学というのは、実はこのようにたくさんある。なぜこのようにたくさんあるのか。それぞれどこが違うのか？　たとえば、教育心理学や、犯罪心理学の場合、専門家でなくとも、どう違うのかはだいたい想像がつく。教育心理学は教育における心理について

研究するのであろうし、犯罪心理学は犯罪者の心理について研究するのだろう。理論心理学会は、心理学の理論について研究するに違いない。つまり、これらの心理学は「研究対象が何であるか」が違うのだということになる。

心理学諸学会連合に加盟している行動分析学も心理学の1つである。それでは、行動分析学とは、何を研究する心理学なのだろうか？　行動分析学は、そもそも心理学という名前がついていないことが示すように、研究対象によって規定された心理学ではない。少なくとも、行動分析学という名前は他の心理学とは違い、ある特定の研究対象に対してつけられた名前ではなく、のちに述べるように研究の枠組み、つまり、人間（と人間以外の動物）の心理をど・の・よ・う・に・研究するのかという立場や視点を重視した名前なのである。

行動分析学は行動の原因を解明する

行動分析学は、その名称に研究対象を規定していないが、行動分析学が何を研究するのかという問いには明確な答えがある。行動分析学とは何をする心理学なのかといえば、読んで字のごとく行動を分析する科学である。

ただし、それでは答えにならない。行動はともかく、「分析する」とはどういうことなのか答えていないからである。ノーベル賞を受賞した田中耕一さんは、たんぱく質の分析が専門だそうである。データを分析するなどという言い方もある。そのほか、分析という言葉は日常用語とし

てもさまざまな場面で使われるが、行動分析学という場合の「分析」とは、原因を明らかにするという意味である。つまり、人間や人間以外の動物の行動には、それをさせる原因があるのであり、行動分析学はその原因を解明し、行動に関する法則を見いだそうとする科学なのである。

行動の科学は成り立つのか

ところで、はたしてそのような科学が可能なのだろうか。私たち人間は、イヌやネコと違って理性や自由意志をもっているから、自分の考えるところに従って、あるいは自分の心のおもむくままに、「……しよう」とか、「……したい」という意志や欲求をもち行動している、と一般に考えられているし、多くの人は自分でもそう思っている。だから、人間の行動にそれをさせる法則があるとはにわかに信じがたい。自分のしていることが自分の意志ではなく、法則に基づいてなされていると考えるのは不本意な気もする。まるで、自分がロボットだといわれたような気さえするかもしれない。しかし、のちに詳述するように、人間の行動の背後には、当の本人さえ気づいていない行動の法則があるのである。そして、もっと考えなければならないのは、自分が無意識のうちに法則に従って行動していたとしても、自分が何かにコントロールされているのではなく「まったく自由である」と感じることはできるということである。

行動分析学は行動の問題を解決する

　人間は生きている限り、朝起きてから夜寝るまで、さまざまな行動をする。蒲団から出て、顔を洗って、服を着替え、朝食をとる。それから会社や学校に行く人もいるだろう。こうして毎日の生活はおおむねスムーズに進行するが、誰でも考えてみれば思い当たるように、日常生活で大なり小なり行動に問題を抱えている人は少なくない。たとえば、朝なかなか起きられずにいつも遅刻寸前であるとか、タバコをやめたいのにやめられないとか、仕事がたまっているのに誘われるとつい遊びに行ってしまうなど、いろいろあるだろう。目覚まし時計が鳴っても止めてまた二度寝したり、やめると決意したタバコを吸ったり、仕事をさぼって遊びに行くのは、もちろんどれも行動である。したがって、それらのすべきでない行動をなぜしてしまうのか、あるいは、しなければいけない行動をなぜしないのかに関しては、「行動の法則」に基づいた説明が可能だ。理由があってしてしまうのだし、やらないのである。

　しかし、だからといって、私が遅刻をするのは、人間の行動の法則に基づいているのだから仕方がない、と開き直っていいかというと、現実はそうもいかない。何とかそれを直して、生活を改善したいと思う人は多いだろう。行動の原因がわかるのならなおのこと、何とかして解決したいと考えても不思議ではない。ちょうど、基礎科学で得られたさまざまの知見が応用され、科学技術として花開き、現

実の私たちの生活に恵みをもたらしてくれるように、行動の原因を科学することで得られた知見をもとに、現実の行動をよりよい方向に改善することができるのではないかと考えるのは、自然の成り行きである。実際に、1930年代のはじめに成立した行動分析学は、1960年頃から、発見された行動の法則に基づいて、現実社会のさまざまな行動における問題を解決することに取り組んできて、今日に至っている。これらの応用研究が始まってからおよそ40年が経過したが、現在までに行われてきた研究分野には、次のようなものがある。

 自閉症
 発達障害
 行動薬理学
 臨床的介入
 家族への介入
 行動医学（医療、健康、リハビリテーションなど）
 コミュニティへの介入
 人間の発達
 老年学
 教育
 組織行動マネジメント
 言動行動
 応用動物行動学
 スポーツ行動分析（行動的コーチング）

このリストと先にあげた、日本の心理学の学術団体のリストとを比べてみよう。かなりのオーバーラップが見てとれるのではないだろうか。

　すでに述べたように、多くの心理学は研究対象によって規定されている。したがって、対象ごとにさまざまな心理学がある。そして、基礎心理学はもちろん、生理心理学、動物心理学、理論心理学は基礎系の心理学と呼ばれ、教育心理学や臨床心理学や社会心理学は応用系の心理学と呼ばれてきた。一般には基礎研究の基盤のうえに応用研究が成立すると考えるわけだが、現実は必ずしもそうではない。両者は研究対象が異なるだけでなく、アプローチの仕方そのものが異なるから、少なくとも出発点においては別個の科学であるとさえいえる。

　一方、行動分析学は「人間と人間以外の動物のあらゆる行動を対象として、独特の行動観によって規定されている心理学」である。研究対象である行動に対するアプローチの仕方を確立したことで成立した心理学であるから、基礎の研究とその応用とがそもそものはじめから連携していた。行動分析学とは、「行動の原因を解明し行動の法則を発見する基礎科学」と、「現実社会における人々の行動の問題を基礎科学で発見された法則に基づいて解決していく応用科学」の2つの側面を同時にあわせもつ心理学なのである。

心理学の研究対象

　行動分析学は心理学であるが、なぜ心ではなく行動を対象とした科学が成立するのだろうか。人間の心に対する関心は、多くの科学同様、アリストテレスの時代に始まるが、心理学の研究対象としての「心」が意味するものは、それ以来多くの変遷を重ねてきた。近代の心理学は「1879年にヴィルヘルム・M・ヴントがライプツィヒ大学に心理学の実験室を開設した時をもって成立した」というのが定説であるが、この時彼が考えた「心」とは「意識」のことである。しかし、1913年には米国の心理学者ジョン・B・ワトソンによって「心理学が真の科学として独立するには、研究対象は主観的な意識ではなく行動でなければならない」という、有名な行動主義宣言が行われた。以来、どのような批判があるにせよ、そして自らはいかに否定しようとも、心理学の研究対象が行動であったことは間違いのない事実である（ただし、行動とは何か、行動の定義には違いがある）。

　したがって、行動を研究対象としている心理学はほかにもたくさんあり、行動の研究は行動分析学の専売特許というわけではない。むしろほとんどの心理学は、現在もなお行動を研究対象にしているといってよい。それでは何が行動分析学の専売特許なのかというと、それは「行動をどのように見るのかという行動観」である。行動分析学では行動をどのように見るのだろうか？

行動分析学の研究者のことを業界用語では行動分析家と呼ぶが、行動分析家でなくとも、われわれは自分や周囲の人の行動についてあれこれ考えるものだ。なぜ自分はあの時あのようなことをしたのだろう。なぜ彼女は自分に対していつも優しいのだろうというように。人は4歳くらいから、心について考えはじめるといわれている。だから、心に対して関心を寄せてきた歴史は長い。

　またそれだけでなく、「自分のことは自分がいちばんよく知っている」ということも、われわれがよく口にするセリフだ。自分がその時なぜそういう行動をしたのか、誰かに理由を詮索されなくとも、自分ではわかっているとも思っている。確かにその通りだ。人間以外の動物も、生きている限り無数の行動をするが、その理由を知りたがるのは人間だけである。理由を言葉で説明できるのも人間だけである。それでは私たちは、自分や他者の行動の理由をふだんのように説明しているのだろうか。

3つのレベル

　行動分析学の学祖スキナーは、行動分析学で行わない説明として、3つのレベルを指摘した。第1は「神経生理的な説明」であり、主として脳に代表される神経系の機能によって行動を説明しようとする方法である。スキナーがこれを主張した1953年に比べ、脳科学は比較にならないほどの進歩を遂げた。現在では機能的MRIの開発により、脳内で行われている活動と行動との関連をとらえる研究が活

発になされている。われわれの行動に脳が関与しているのは疑いない。しかし、問題は「脳の機能を指摘することによって、はたして行動を説明したことになるのか」という点である。私たちが、歩いたり、話をしたり、ものを考えたりする時に、脳の特定部位が活動するのは確かである。その部位が損傷するとそれに対応する行動は障害を受ける。

たとえ、機能的MRIによって特定の行動に対応する脳の活動が同定できたとしても、それはあくまで「行動がどのようにして発現するか」を説明するにすぎない。私たちが知りたいのは、「行動がなぜ起こるのか」ということである。なぜ、神経系でそのような活動が起こったのかという疑問が依然として残るのである。最近では、外向性や衝動性や積極性と呼ばれる行動（一般には性格といわれる）の60パーセントは、ドーパミンやセロトニン、ノルアドレナリンといった脳内の神経伝達物質の多寡で決定されるといわれるが、過剰放出や過小放出がなぜ起こるのかが説明されなければ、「どのように？」という問いには答えられても「なぜ？」という問いには答えられない。

スキナーが忌避した第2の原因は「心的な説明」である。心的な説明とは、「行動の原因は心にある、とする伝統的かつ広く世間で行われている心身二元論的な説明」である。電車の中で高齢者に席を譲るのは心が優しいからだとか、羞恥心があれば電車の中で化粧をしたりしないはずだといった説明である。

第3は「概念的説明」と呼ばれるもので、「能力や本能

や性格といった"仮説構成体"で行動を説明する」ことである。これもまた巷間広く行われている。詩や散文が上手に書けるのは「文才」があるからだとか、歴史上人類が戦争を繰り返してきたのは、生物としての人間に「闘争本能」があるからだ、というたぐいである。

行動分析学が受け入れる説明

では、神経生理学による行動の説明や、仮説構成体による行動の説明を受け入れずに、行動分析学はどのレベルで行動を説明しようとするのか。それは「遺伝的な説明」「過去の環境要因による説明」「現在の環境要因による説明」の3つである。私たちの行動が遺伝によって規定されている部分は確かにあり、たとえば、道具や機械の助けなしに人間は空を飛ぶことはできない。行動の原因として過去の経験を指摘した代表的な人物はフロイトである。フロイトは行動異常の原因として、とくに幼児期の性的体験を強調した。しかし、行動分析学で考える過去の経験とはそのようなものではない。行動の原因としてもっとも重視されなければならないのは、3番目の現在の環境要因である。それでは、現在の環境要因とはどのようなものだろうか。

行動分析学的行動観

私の授業を履修していたある女子学生の家庭では、冬はこたつで朝食をとるのだが、この時、高校生の弟は、左手をこたつにつっ込んだまま、右手だけで食事する。片手だ

けで食事をするのは大変見苦しいので、当然親は注意する。注意されると弟は左手を出し両手で食事を始めるのだが、しばらくするとまた左手をこたつの中に入れ、片手だけで食べるようになる。気づいた親はまた注意する。また左手を出す。そのうちまた片手になる。その繰り返しである。これが毎日つづく。何度注意しても直らない。

　なぜこの弟は左手をこたつに入れたまま、右手だけで食事をするのか。親が出した答えは、「行儀が悪い」から、「だらしがない」からというものである。親に限らず、多くの人が同じように考えるに違いない。しかし、行動分析家はそうは考えない。少なくとも、その前に考えることがほかにある。

　この弟の姉である女子学生も考えた。弟が朝食をとる様子を毎日観察した。そして気づいたのである。この家庭は4人家族で、こたつに座る位置がそれぞれ決まっている。弟の座席はもっともドアに近い位置で、そのドアを開けると寒い廊下がある。ドアは弟の左側にある。朝食の時間はどの家庭でもあわただしいもので、この家庭でも出勤する父親や、大学へ出かける姉があわただしく部屋と廊下を行ったり来たりする。そのたびにドアは開閉され、冷たい廊下の空気が部屋に流入する。そして、その冷たい空気は弟の体にまともに当たるのである。それも左半身から。そこで、この女子学生は試みに温度計を持ち出して、家族4人それぞれの座席の位置の室温を測定してみた。すると、想像した通り、弟のところだけが他の3人のところと比べて

2度も低かったのである。冬に2度の差は大きい。

弟は「寒いから、とくに左手が冷たいから」(冷気は左側からくる)、左手をこたつに入れるのではないか。姉はそう考えた。しかし、それは、左手をこたつに入れる行動の原因を「推定」したにすぎない。推定だけでは、本当の原因を突きとめたことにはならないのはいうまでもない。それでは、弟が左手をこたつに入れ、片手だけで朝食をとる原因を、「寒いからだ」と証明するにはどうしたらよいのだろうか。

行動分析学の「分析」というのは「原因を突きとめること」だとすでに説明した。実はもっと正確にいえば、われわれの科学では「原因を突きとめる方法」も特定している。行動分析学では、行動の原因を解明する時、正式には「実験を通して原因を明らかにしていくこと」が求められる。したがって、もっと厳密に定義すれば、行動分析学とは「行動を実験的に分析する科学」である。そして実験とは、「現状に対してある新しい条件を加え、対象となる行動の変化を見ること」である。

それで先ほどの話である。弟が片手だけで朝食をとることの原因を、どうやって実験的に解明するのか。この女子学生は次のような実験をした。

まず、家族には何も明かさずに、弟が朝食をとる様子を観察する。そして、食事中にこたつから左手を出し、きちんと両手で食べていた時間が何分間あったかを測定したのである。もちろん、左手を入れっぱなしのこともあるだろ

第1章 心理学をめぐる誤解

うが、どうしても必要な時は出したりする。そういう場合でも、こたつから出すたびに時間をはかり、それを合計し、1回の朝食におけるトータルの時間を測定する。4日間にわたってこの測定を続けたところ、食事時間のほぼ20パーセントしか両手で食べていないことがわかった。

ここで、直接時間を示すのではなく、パーセントで表示しているのは、朝食にかかる時間は毎日だいたい一定しているとはいえ、正確に同じではないからだ。時間をかけてゆっくり食べる時は、左手を出していた時間も長くなることが予想されるから、両手で食べていた時間を直接表示するより、パーセントで表示した方が問題をより正確に把握できる。

人間というものは、自分にとって気にくわないことを相手がする時は、必要以上にその行動を過大評価するものである。私は車の運転が趣味の1つであるが、カーナビは嫌いで、常に地図を頼りにどこにでも行く。方向感覚もよい方で、知らない土地でも迷うことはあまりない。しかし、時々同乗する兄弟子は、ごくまれに私が道に迷った時のことを取りあげて、私には方向感覚がないと信じている。私はひそかに「1回学習の過大評価」と名づけている。

しかし、この弟の場合は、過大評価を受けていたわけではなく、実測の結果、両手で食べる時間がわずか20パーセントであることが判明したのだ。親が毎日文句を言うのも無理はない。次はいよいよ原因を突きとめる段階となる。寒いから手をこたつに入れるのだとしたら、寒くなければ

手を出して、両手で食事をするはずだ。そこで姉は、別のところにあったストーブを弟の左側、つまり、ドアと弟の間に移動させてみる。そして、同じように、両手で食事をする時間を測定する。すると、今度は、みごとに弟は左手を出し、両手で食事をしたのである！

これをグラフにあらわすと、次のようになる。

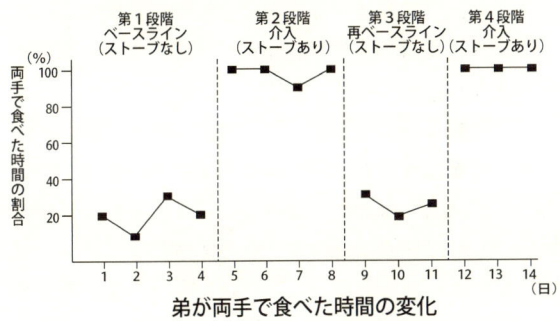

弟が両手で食べた時間の変化

つまり、ストーブという新しい実験条件を加えることによって、周囲の室温が低ければ（手が冷たければ）左手をこたつに入れ、室温が高ければ（手が冷たくなければ）左手をこたつから出すというように、弟の行動が変化することが観察測定されたのである。

ところで、グラフを見てすぐお気づきと思うが、この実験には4つの段階がある。

第1段階は、誰にも内緒で行動を測定していた段階である。このように、これまでと同じ条件で行動を測定する段階を「ベースライン」という。行動のベース、基礎となる

線である。

　第2段階は実験の段階、つまり新しい条件を加えて行動を測定する段階で、ここではストーブを移動して弟の周囲の室温を高くしている。これまでとは違った新しい条件を設定してみることを、専門用語では「介入」と呼ぶ。つまり、この弟は、ベースライン条件では左手をこたつに入れ、介入条件では両手で食事をしたわけで、この実験によって、左手を出すか出さないかには、室温が関係している可能性が指摘できた。

　しかし、実験には第3段階、第4段階がある。第3段階ではストーブを元に戻し、弟の座席をふたたび寒くする条件である。グラフからわかるように、第3段階では、弟はまた元のように左手をこたつに入れるようになった。なぜ、第3段階があるのだろう。それは、行動の真の原因を突きとめることに大いに関係がある。逆に、もし第2段階で実験を終わらせたらどうなるか。答えを先にいってしまえば、この弟が片手で食事をする本当の原因は、解明できないのである。

　この弟は、ある日を境に親が望むように両手で食事をするようになったわけだが、その理由を、ストーブのおかげで左手が冷たくなくなったからだと考えるのは、実はまだ早い。ある日を境に両手で食事をするようになった理由は、ほかにあるかもしれないのである。たとえば、この弟にガールフレンドができて、そのガールフレンドがマナーにうるさく、片手で食事をするのをみとがめて、激しく文句を

言ったとする。弟はその叱責のせいで、これまでの行動を悔い改めて、両手できちんと食事をするようになったのかもしれない。ストーブとは関係なしに。

姉は、弟が片手で食事をする理由は寒いからだと推定し、実験の結果は、一応それを支持している。しかし、もしかするとストーブを移動した日（実験条件を変えたちょうどその日）から、ガールフレンドなどの別の原因によって、行動が変わったかもしれないのである。行動の本当の原因を解明するには、この別の原因による行動の変化の可能性も考えてみなければならない。

そのために第3段階が行われる。もし、ガールフレンドの叱責によって両手を使うようになったのだとすれば、ストーブを撤去したからといって、また片手で食べはじめることはないはずだ。片手で食べるか両手で食べるかは室温とは関係なく、ガールフレンドの小言が原因なのだから。

しかし、実験結果によれば、ストーブを撤去したとたん、この弟はまたしても片手で食べはじめている。したがって、この弟が片手で食べたり、両手で食べたりする原因は、ガールフレンドのせいではなく、室温のせいらしいことがいよいよ確かになる。

もちろん、ストーブを撤去した同じ日にガールフレンドにフラれて、そのせいで、また片手で食べはじめるようになった可能性はゼロではない。しかし、ストーブを移動した同じ日にガールフレンドができたという偶然は必ずしも否定できないが、そのうえ、さらに撤去したのとフラれた

日が同じになる確率は非常に低い。したがって、100パーセントの保証のあることではないとはいえ、室温が行儀に関係していることは、非常に高い確率で断定できるのである。

この実験には第4段階もある。第4段階では、ふたたびストーブを移動した条件で弟の行動を測定しているが、この時も弟は両手で食べた。第4段階を行うことで、対象となった行動（両手で食べる）と行動の原因（室温）との関係の蓋然性はもっと高くなると同時に、行儀を改善するという所期の目的も達することができる。

行動分析とは行動の実験的分析である

この例では、行儀の悪さの原因を特定するために、ストーブの位置を移動し、室温を変化させた。室温を高くするという新しい条件を加えることで、弟の行動の変化を見ようとしたわけだ。このように、あるがままの状態（ここでは弟のところだけ室温が低い状態）に対して、何らかの条件（専門的には変数という）を変化させると（ここではストーブを弟のそばに置くこと）、対象となっている事象（ここでは両手で食べる行動）がどう変化するかを調べることは「実験」と呼ばれる。

化学や物理の実験は、なじみのある人も多いと思うが、人間の行動が同じように実験の対象となると考える人はあまり多くない。化学の実験では薬品を加えて物質の変化を見たり、物理の実験では衝撃を加えて運動の変化を見たりする。本質は同じである。

行動分析学も行動の原因の解明に当たっては、このような実験を行う。スキナーは自分の創始した科学に対して、実験的行動分析 the experimental analysis of behavior という名前を与えたが、その理由はここにある。

行動の原因をどう考えるか

実験を通して、この弟が片手で食事をするのは、手が冷たいからだということが判明した。しかし、一方で読者を含めた多くの人は、この行動の原因を「行儀が悪い」からと考えるのが普通だろう。それでは、この「行儀が悪い」というのは、いったい何なのか？

実は私たちは、行動の原因を考える時に同じような誤りをおかしやすい。たとえば、タバコは体に悪いからもうやめようと決心しても、なかなかやめられなかったり、ダイエットを決意して間食はやめようと決めても、目の前にケーキを出されるとつい食べてしまったりするのはなぜなのか。

多くの人の答えは、「意志が弱い」からというものである。また、英会話を習得するために、毎日テレビの英語番組を見ようと決めたのに3日もつづかない。「どうせやる気がない」からとか「本気じゃない」からだと考える。また、人前ではっきり自分の意見を言えず、われながらじれったいと思う人もいる。なぜだろう。「引っ込み思案」だから、あるいは「気が小さい」からだろうか？

このように、「意志の弱さ」「やる気のなさ」「引っ込み

思案な性格」というものを、行動の原因として考える人は多い。しかし、意志とか、やる気とか、性格というのはいったい何なのだろう。

　そもそも、自分も含めて、ある人が行儀がいいとか悪いとか、意志が強いとか弱いとか、やる気があるとかないとか、引っ込み思案なのか度胸があるのか、ということがなぜわかるのかを考えてみたい。禁煙を決意しながらタバコに手が伸びてしまうのは、意志が弱いからだった。では、なぜ、その人の意志は弱いといえるのだろうか。それは、タバコをやめようと思っているのにやめられないからである。どこか変ではないか。

　おかしい理由は2つある。タバコをやめられないことと、意志が弱いこととが循環論に陥っていることが1つ。もう1つは、意志が弱いというのは、タバコを吸う原因ではなく、禁煙を決意したのにタバコを吸っていることを別の言葉で言い換えたにすぎないのである。

　問題の弟も、行儀が悪いから片手をこたつに入れて食事するのではなかった。「行儀が悪い」は、片手で食事をする行動に対してはられたラベルなのである。

行動にはられたラベルと医学モデル

　要するに、「意志が弱い」という言葉は、ある具体的な行動に対してつけられた「名前」や「ラベル」といってよい。「やる気がない」とか「引っ込み思案な性格」というのも同じである。行動に対して、このようにラベルをはる

ことは、「ラベリング」と呼ばれている。
「意志」や「やる気」や「性格」は行動に対してはられたラベルであり、実体はそれが指し示す行動と同じであるから、これらが行動を説明する原因ではないのである。ラベルを使えば、いちいち実体である具体的な行動に言及せずに、ある程度の情報を伝えることができるし、便利な場合も少なくないから、そのこと自体は問題ではない。しかし、それを行動の原因と考えてしまうことには大いに問題がある。

　ラベリングの危険性はこれ以外にもまだある。行動にラベルをはる時、多くの場合、人は無意識のうちに「こころ」を想定し、その「こころ」が問題行動を引き起こしていると考えてしまう。

　こうした考え方をわれわれは「医学モデル」と呼んでいる。なぜ医学モデルかというと、医学では、体にあらわれた症状の原因は体の中にあると考える。たとえば、熱が40度も出て、体の節々が痛むという症状があらわれたとした

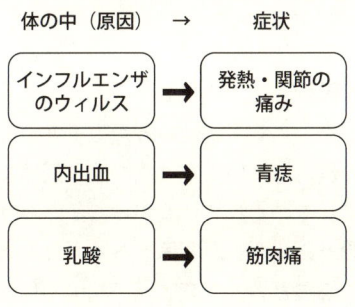

第1章　心理学をめぐる誤解　　31

ら、その原因は、インフルエンザに感染し、体の中にインフルエンザのウィルスがあるからである。激しく転んでぶつけた部分が青痣になったとしたら、その原因は体の中で出血したからである。久しぶりに激しい運動をして、翌日筋肉痛になったのであれば、その原因は筋肉に乳酸がたまっているからである。

行動のラベルにすぎないものを、行動の原因と考える行動観はこれにたとえられる。つまり、行動として目に見える形であらわれた問題の原因は心の中にあると考えるわけである。

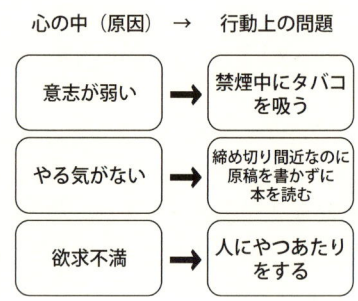

操作不能の原因

行動の原因を考える時、別の考え方もある。弟が片手で食事をするのは、男というものは作法に鈍感だからとか、末っ子ゆえに甘やかされているからだとかいうものである。血液型と行動パターンとが関係あると考えるのは、どうも日本、台湾、韓国といった東アジア諸国だけのようだが、

あの人が几帳面なのは血液型がA型だからだとか、自由奔放なのはB型だからだ、というような行動の説明もこれと同じである。あるいは、怒りっぽいのは年をとって頑固になったせいだというのも同じだ。

ラベルは行動の言い換えにすぎないかもしれないが、血液型とか兄弟の順序とか年齢とかいうものは、一見行動の説明になっているように思える。しかし、これも2つの意味で問題がある。

1つは、血液型や兄弟の順や年齢と行動の関係は、相関関係にすぎないという点である。もう1つは、たとえこれらが行動の原因だとしても、血液型や兄弟の順や年齢は、自分の力で変えたり直したりすることはできない。操作不能である。すでに述べたように、行動分析学は行動の法則を明らかにする科学であると同時に、行動の問題を改善していこうとする実践的な側面もあわせもっている。行動を改善しようとする時には、原因となる変数を操作する必要があるから、操作できない変数を原因と考えても無意味である。もちろん、自分の不始末の言い訳としては役に立つから、ラベル同様、それなりに役には立つ。

行動分析学が考える行動の原因

すでに述べたように、行動分析学的に行動の原因を考える時、もっとも重視するのは、行動が起こっている「現在の環境要因」である。

例の弟の行動に影響を与えたのは、ストーブの移動によ

る室温の変化と、それに伴う手の冷たさ温かさである。ストーブの移動および室温の変化という環境要因の変化が、行動の変化をもたらした。環境要因が行動の原因となるというのはそういうことである。

ここで、ストーブがある時とない時とでは何が違うかというと、行動がもたらす効果において大きな違いがあるといえる。ストーブがない時は、こたつに手を入れる行動は非常に重要な意味をもってくるが、ストーブがある時にはたいして価値はない。行動分析学では、このように行動が環境にもたらす効果の観点から行動の原因を見る。

行動とそれがもたらす効果の関係を、専門用語では「行動随伴性 behavioral contingency」と呼ぶが、この行動随伴性によって行動をとらえる見方こそ、行動分析学の根幹をなすものである。それでは行動随伴性について詳しく述べる前に、まず、行動とは何かということを考えたい。

行動とは何か

行動という言葉からどのようなことを連想するだろうか。私は行動分析学の入門コースをこれまでに多くの大学、短大、専門学校などで教えてきた。どの学校でも授業の最初の時間に、学生たちに日常生活の中の行動の例をあげてもらう。すると、どの教室でもだいたい同じような答えが返ってくる。学生たちを順番に指していくと、歩く、顔を洗う、寝る、トイレに行く、食べる、話す、というようなことを次々と言う。勉強するというのももちろん行動だが、

そう答える学生はなぜかめったにいない。すでにあげたこたつに手を入れるというのも行動であるし、会社に行く、働く、会議で発言する、上司とけんかするというのも行動である。これらの人間の活動を普通は行動というわけだが、行動分析学で行動について考える時、その定義は日常生活で考えるものとは少し違う。

　行動の定義に関しては、心理学の中でもさまざまな主張がある。行動分析学の学祖スキナー自身は、「行動とは生体のもつ機能の中で外界に働きかけ、外界と交渉をもつもの」(『The Behavior of Organisms　有機体の行動』) と定義した。しかし、本書では、スキナーの直弟子であり、独特の指標を用いて教育効果を測定し、行動の原理の実社会への応用に大きな影響を与えたオージャン・リンズレーの定義を採用する。それは、「行動とは、死人にはできない活動のことである」という人をくったものである。

行動とは死人にはできない活動のこと

　リンズレーの定義に従うと、ある活動が行動であるかどうかを判断する時、その判断基準は、死んだ人にもできるかどうかということになる。死んだ人でもできるならば、それは行動ではない。死んだ人にはできないと判断されれば、それは行動だということになる。この定義から考えると、たとえば次のようなものは、行動とはいえないことになる。

《行動とはいえないもの》
車にひかれる
怒らない
崖から落ちる
会議の間中1度も発言しない
上司にほめられる
静かにしている

　勘のよい人はお気づきになったかもしれないが、定義に照らして行動とはいえないものにはいくつかの特徴がある。
　1つ目は、「……される」という「受け身」で、車にひかれるや、上司にほめられるがこれに当たる。
　2つ目は「否定」とか「非行動」と呼ばれるもので、要するに「……しない」というものであり、怒らないや、発言しないがこれに当たる。「……しない」のは死人の得意技だから、行動ではないものの代表だ。
　3つ目は「状態」と呼ばれるもので、「……している」と表現され、静かにしているがこれに当たる。崖から落ちるもこれに相当する。スキナーの定義でも、行動は外界に対して生体が働きかける機能であったから、行動とは受け身ではなく、能動的に何かを行うことといってよいわけで、リンズレーの人をくった定義もあながち的外れでない。
　こう説明すると、学生たちからはさっそく質問がくる。質問は2つだ。1つは、生きている人だって何もしないことはある。それをどう考えるのかというものである。それ

はそうだ。学生は教師が期待するほど勉強しない。生きている学生も勉強しないのだ。この答えは明らかである。定義では、「行動は死人にはできない」といっているだけで、生きている人については言及していない。死んだ人は怒らないだけだが、生きている人は怒ることも、怒らないこともできる。それでも、なお食いつく学生もいる。「……しない」が行動でないなら、なぜ勉強しないのかを分析できないではないかと。心配には及ばない。「……しない」というのは、「……する」という行動が欠如していることだ、と。「……しない」のは、「……する」という行動の生起頻度（行動の回数）がゼロの場合と考えればよい。こたつから左手を出さないというのは、「左手を出す」という行動が起こっていないことを示す。するかしないかは行動の裏表であるが、表のする方に焦点を当てようというわけである。

　もう1つは、「……している」はなぜ行動ではないのか、というものである。たとえば、歩いていることは死人にできるはずがないではないか、と。これは次のように考える。「歩いている」というのは、「歩く」という行動が「繰り返し起こっている」ことをいっているのだと。だから分析すべきそもそもの行動は「歩いている」ではなく、「歩く」でよい。このように考えるのは、のちに明らかにするように、われわれが行動を分析しようとする時「瞬間に起こるアクション」を分析の単位としており、しかも、そのアクションの生起頻度にとくに注目しているからなのである。

行動には見えないが行動といえるもの
　一方で、次のようなものは普通は行動とは考えにくいが、定義に照らせば行動ということになる。

《行動といえるもの》
　考える
　名作を読んで感動する
　犯人を推理する
　思い出す
　記憶する

　行動というと、動くという漢字からの連想で、何か手足を動かしてすることに限定されると思われがちだが、行動分析学では、ここにあげたような、必ずしも見かけ上は体を動かさないで行うことも行動と考え、分析の対象となる。これらが、歩くことや食べることのような目に見える行動と同じと見なせるのは、どちらの行動も、のちに述べる同一の行動の法則で分析ができるからなのである。

行動の種類（レスポンデント行動）
　行動分析学の対象となる行動は大きく分けると2つある。「レスポンデント行動」と「オペラント行動」の2種類である。レスポンデント respondent という用語は、respond（反応する・応答する）やその名詞形である response から

の派生語で、いわゆる刺激に対する反応をいう。たとえば、風の強い日に外を歩いていて目にほこりが入る。ほこりという外界からの刺激に対して、生体は涙を流すという反応をする。死んだ人の目にほこりが入っても涙は出ないから、この涙を流すという反応は、定義に照らして行動といえる。また、口の中に食べ物が入ると生体は唾液を出す。唾液は消化液の一種であるとともに、固形の食べ物と混じりあい嚥下(えんげ)をしやすくする。

　涙を流したり、唾液を出したりすることの原因を考えると、それはほこりが入ったからであり、口の中に食べ物が入ったからである。両者の時間的順序を考えると、次のようになる。

　まず原因となる外界の刺激があらわれ、次にそれに対応して行動が起こる。このタイプの行動をレスポンデント行動といい、レスポンデント行動の原因は、時間的に見て行動の前に発生する。

　しかし、人間の行動はそれだけでは説明できない。人間のする行動の原因のすべてが、行動の前に発生する外界の刺激というわけではない。

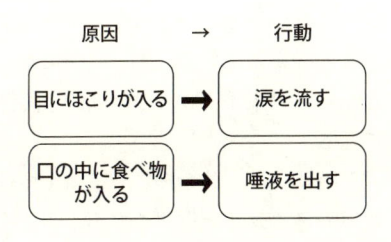

原因	→	行動
目にほこりが入る	→	涙を流す
口の中に食べ物が入る	→	唾液を出す

第1章　心理学をめぐる誤解

オペラント行動

 たとえば、読者の中にもメガネをかけたり、コンタクトレンズを使っている人がいるだろう。死んだ人は誰かにメガネをかけてもらうことはできても、自分からかけることはできないから、メガネをかけることは行動である。

 それでは、なぜ人はメガネをかけるのか。これも教室で毎回する質問の1つなのだが、どの学生に聞いても(もちろんメガネをかけている学生に質問する)、「目が悪いから」と答える。そこで、さらに私はつっ込む。「うっかりメガネを忘れてきたら、あの人(と言ってメガネをかけているもう1人の学生を指さす)にメガネを借りますか」、と。答えはもちろん「借りません」である。誰かほかの人のメガネを借りてすませることは、普通はしない。他人のメガネを借りても、度が合わないので結局は役に立たないからである。自分専用のメガネをかけることと他人のメガネをかけることの違いは、自分のメガネをかければよく見えるが、他人のメガネをかけても相変わらずよく見えないところにある。

 つまり、メガネをかけるという行動のもたらす効果が違うのである。この効果の違いが行動の原因になっている。この行動のもたらす効果と行動との時間的な関係は、次ページのようになる。

 トイレに入る時にスイッチを押して電気をつけるのも同じである。電気のスイッチを押すことが、明るくなって安

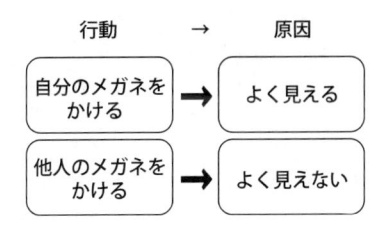

```
行動      →      原因
┌──────────────┐   ┌──────────┐
│自分のメガネを│ → │よく見える│
│かける        │   │          │
└──────────────┘   └──────────┘
┌──────────────┐   ┌────────────┐
│他人のメガネを│ → │よく見えない│
│かける        │   │            │
└──────────────┘   └────────────┘
```

心して用を足せるという効果をもたらす。だから、スイッチを押すのである。これが、停電でいくらスイッチを押しても明るくならないのであれば、スイッチを押さないだろう。

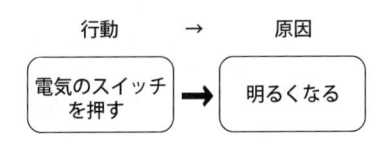

```
行動        →      原因
┌────────────┐   ┌──────────┐
│電気のスイッチ│ → │明るくなる│
│を押す      │   │          │
└────────────┘   └──────────┘
```

　これらの行動は、レスポンデント行動と違い、時間的に見て、行動の原因は行動の「後」にある。このように、行動の「後」に発生したことが行動の原因となることを「オペラント行動」という。

　オペラントという語はoperate（操作する）からのスキナーの造語である。メガネをかける行動は視界を操作し、スイッチを押す行動は明るさを操作する。

　レスポンデント行動が、唾液分泌や膝蓋腱反射のような生体にそなわる単純な反射であるのに対し、オペラント行動の方は、より日常生活に即した興味深い行動のように見

第1章　心理学をめぐる誤解　　41

える。しかし、レスポンデント行動もまた人間の感情や情動を考える時に重要なものである。

オペラント行動の法則

オペラント行動の原因は行動に対する効果によって考える。例の弟が左手をこたつに入れるかどうかは、ストーブのあるなしが関与しているのであった。ストーブのない時に手をこたつに入れると、冷たい手が温められるという効果をもたらす。これをわかりやすくダイアグラムであらわすと次のようになる。

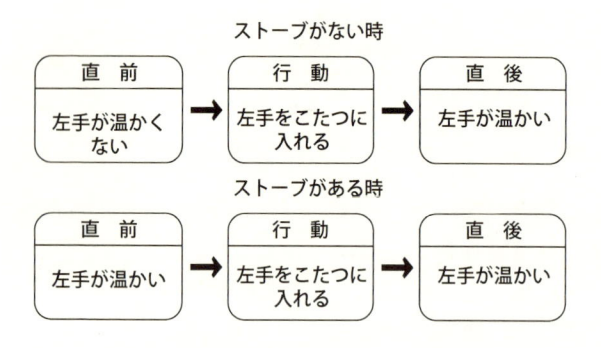

ストーブがない時

直　前	→	行　動	→	直　後
左手が温かくない		左手をこたつに入れる		左手が温かい

ストーブがある時

直　前	→	行　動	→	直　後
左手が温かい		左手をこたつに入れる		左手が温かい

この図は、行動することによって、その前後で状況がどう変化するかを視覚的にあらわしたものである。つまり、ストーブがない時は、左手をこたつに入れることによって、冷たかった左手が冷たくなくなるという変化が起こる。一方、ストーブがあれば、最初から左手は温かいので、左手をこたつに入れても状況の変化は起こらない。少なくとも

ほとんど変化はない。そして弟は、ストーブがなければ手をこたつに入れ、あれば入れない。つまり、ここで問題となっている「左手をこたつに入れる」という行動は、その行動をすることによって状況に何らかの変化が起きれば、繰り返されることがわかる。逆に、手を入れたところで変化が起こらなければ、その行動をしないことがわかる。

この図に示される行動とそれに伴う状況の変化との関係が、すでに述べた行動随伴性であり、行動分析学では、この行動随伴性を１つの単位として行動を見る。そして、なぜその行動をするのかという原因を考える時には、行動の直前から直後にかけて起きる状況の変化に注目するのである。

行動随伴性

行動を、随伴性というメガネを通して見る考え方こそが、行動分析学の真骨頂である。東アジアではじめて、スキナーから博士号を取得したフィリピン大学の元教授アルフレード・V・ラグメイ博士がスキナーに、「先生がなさった心理学への最大の貢献は何だとお考えになりますか」と聞いたところ、自分が発見した事実の中で「随伴性」の概念こそが、最大の貢献であると答えたという。

日本語の「随伴性」というのは造語である。「随伴性」の、「随」とは「したがう」という意味だ。「伴」はもちろん「ともなう」という意味である。「したがう」とは何かが何かの後ろについていくことであり、「ともなう」とは

何かと何かが一緒に行くことである。何かと何かとは、いうまでもなく、「行動」と「状況の変化」である。つまり、行動のすぐあと、あるいは行動と同時に起こる状況の変化と行動との関係が、**行動随伴性**である。

行動随伴性：行動の原因を分析する枠組みで、行動とその直後の状況の変化との関係をさす

個人攻撃の罠

　行動を随伴性によって見ることの利点は何だろうか？ 1つには個人攻撃の罠を避けられることである。この弟は何度注意されても片手で食事をするので、「行儀が悪い」「だらしない」と家族から非難されていた。人間というものは、何度言って聞かせても自分が望むような行動を相手がしてくれなかったり、逆に自分にとって迷惑な行動をやめてくれないと、最終的にはその人にラベルをはって非難する。注意しても言うことを聞かない子供は「問題児」であり、何度頼んでも協力しない人は「自己中心的」である。

　しかし、行動のもたらす効果に着目し、行動随伴性で行動をとらえ直すことにより、個人攻撃の罠に陥らない新しい人間観が生まれる。

　これで第1章を終えるが、「行動随伴性」は本書を読み進めていく鍵である。

第2章　行動の原理

好子出現の強化

「行動は行動のもたらす効果によって影響を受ける」というのが、行動随伴性によって行動を見ようとする行動分析学の根本的な考え方であることを前章で述べた。次に、その行動を主として量的な側面からとらえ、行動の直後に起こる状況の変化が、行動の「頻度」をどのように変えていくのかに焦点を当ててみよう。行動随伴性によって今後も繰り返される行動もあり、逆にしなくなっていくものもあるわけだが、その違いは何なのだろうか。

片手で食事をする弟の行動随伴性は、次のようになるのであった。

直前	行動	直後
左手が温かくない	左手をこたつに入れる	左手が温かい

こたつに手を入れることによって、「温かくない」→「温かい」という具合に、状況が変化する。左手をこたつに入れることによって手が温まるという経験をすると、将来同じ状況（手が冷たい）に直面すると、こたつに手を入れるという行動がまた起こる可能性が高い。つまり、行動を量的側面から見た場合、行動の回数が増えることが予測される。このように、行動の直後の状況の変化によって行動の回数が増えることを、専門用語では「**強化**」という。強化とは、文字通り、行動が強くなること、つまり、行動

が繰り返し起こり、行動の回数が増えていくことを意味する。

ところで、状況が変化する場合には、変化の方向が重要になる。変化の方向とは、直前から直後にかけての変化が出現の変化か、消失の変化かということである。こたつに手を入れる場合は、「温かくない」→「温かい」と変化するわけだから、「温かさ」が出現したと考える。

このように、人間の行動は、行動の直後に出現の変化が起こると強化される。そして、この時出現したものを専門用語で「好子(こうし)」という。これが人間の行動の法則の1番目で、名づけて「好子出現の強化」という。

好子出現の強化：行動の直後に好子が出現すると、その行動は将来繰り返される

「好子」というのは、研究仲間と私自身による造語で、まだ日本語の辞書には載っていない。好子の「好」は好きとか好ましいという意味であるから、好子とはその行動をする人にとって好きなもの、好ましいものと考えたくなるが、そうではない。好子の本来の定義は、「行動の直後に出現した場合に行動が強化される刺激や出来事」というきわめてニュートラルなものである。ただし、「好」の文字をあえて使ったのは、もちろん、好子となる刺激や出来事は、行動する本人にとって、好きなもの、好ましいものが多いからであり、イメージとしてわかりやすいからである。た

とえば、寒い冬に、手が温かくなるのは、こたつに手を入れる人にとっては好ましいことだろう。

ただし、次のような例もある。ゴキブリを退治する道具に「ゴキブリホイホイ」という商品があるのはご存じだろう。ゴキブリホイホイを仕掛けると、私はその翌朝ゴキブリホイホイをのぞいてみずにはいられない。新しく仕掛けるたびにのぞいてみるのだから、ゴキブリホイホイをのぞく行動は強化されているといってよい。行動が繰り返し起こるのだから。では、なぜこの行動は強化されるのだろうか。行動の原因は、行動の直後の状況の変化にある。どのような状況の変化が起こっているのか見てみよう。

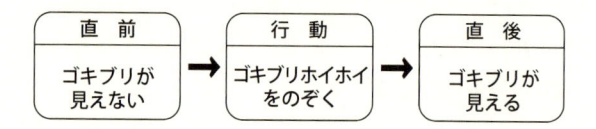

直　前	行　動	直　後
ゴキブリが見えない	ゴキブリホイホイをのぞく	ゴキブリが見える

のぞくことによって、「ゴキブリが見えない」→「ゴキブリが見える」と変化する。「見えない」のが「見える」ようになったわけだから出現の変化だ。だから、この時出現したものであるゴキブリは、定義に照らせば好子である！　だからといって私はゴキブリを愛玩しているわけではない。それでもこの場合のゴキブリは、好子という。したがって、好子とは、定義のうえからは好悪とは無関係なのである。

好子出現の強化の例は、日常生活の中に無数に見つかる。トイレに入る時に電気をつける。これは誰でも無意識にす

る。それでは、なぜ電気をつけるのか、行動随伴性で考えてみよう。

直 前	→	行 動	→	直 後
暗くて見えない		電気のスイッチをONにする		明るくて見える

　電気をつけることによって明るくなり、よく見えて安心して用を足せるという好子が出現して、電気をつける行動が強化される。電気のスイッチを入れれば、停電や電球が切れているのでない限り、必ず電気がついて明るくなるから、スイッチを入れる行動は強化される。つまり、トイレに入る時にトイレが暗ければ、無意識のうちにスイッチに手が伸びるのである。水道の蛇口をひねるのもそうである。断水でない限り、この行動は必ず強化される。

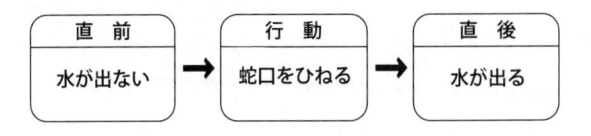

直 前	→	行 動	→	直 後
水が出ない		蛇口をひねる		水が出る

　しかし、電気を消す方はどうだろう。トイレに入る時に電気をつけるのをうっかり忘れて、用を足しているうちにどうも暗くておかしいと気がついて、あわてて電気をつけたという経験をした人はまずいない。電気をつける行動は、いったんスイッチの位置がわかればすぐに強化される。小さな子供でもすぐに覚える。しかし、電気を消す方はそうでもない。私の勤務する大学は、創立100年余を誇る伝統

ある女子教育の粋であり、それゆえか、学内のトイレといえども無人の際は電気が消えていることが多い。教職員用のものは100パーセント消えているといってよい。使ったあとに消すからだろう（個室が複数あるトイレ全体の電気が消えているのである）。

しかし、現代の日本では、トイレの電気や自分の部屋の電気をつけっぱなしにしておいて叱られた経験のある人は少なくない。なぜ、つけるのは忘れないのに、消す方は忘れてしまうのだろうか。随伴性で考えてみよう。

直 前	行 動	直 後
明るくて見える	→ 電気のスイッチをOFFにする →	暗くて見えない

ここには好子出現の強化随伴性は存在しない。したがって、「電気をつけられるのに、なぜ消さないのか！」という非難は、行動分析学の観点からは的外れである。電気をつける行動と電気を消す行動とは、要するにどちらもスイッチを動かす行動で、実際にしていること自体はほとんど同じである。それどころか、私の家のスイッチは最新式で、つけるのも消すのも動作そのものはまったく同じ、スイッチを押し込めばよい。

しかし、行動そのものの見かけがまったく同じでも、随伴性が異なれば、行動の起こり方は同じにはならない。つけるのは忘れなくても、消すことを忘れるのは少しも不思議ではないのである。

これは人間だけの話ではない。嘘か本当か知らないが、米国の田舎で、家の中にクマが入ってきて蛇口をひねって水を飲んだそうだ。もちろん、蛇口は閉めずに水を出しっぱなしにして出ていった。私の愛猫ベッティのように、自分でドアを開けて部屋に出入りするネコは本当にいるが、もちろんドアは開けっぱなしで閉めない。

　蛇口を開けたりドアを開けたりする行動には、好子出現の強化随伴性が存在するが、閉める行動には、自然の状態では強化随伴性が存在しないからである。しかし、クマやネコでは無理だとしても、電気も消し、ドアも閉め、蛇口も閉める人間はたくさんいる。彼らがなぜそれをするのかは、もう少しあとで検討しよう。

嫌子消失の強化

　行動が繰り返される原因はもう1つある。雨が降っている時、たいていの日本人は傘をさす。死人は自分では傘をささないから、傘をさすことはもちろん行動である。なぜ傘をさすのか。雨が降っているから？　違う。その答えでは、メガネをかける原因は、目が悪いからだと答えるのと同じである。行動の原因は行動の直後にある。メガネをかける理由は、ぼんやりとしか見えなかったものが、よく見えるようになることであった。傘をさすことの原因も、傘をさしたあとに起こる"何か"である。

　傘をさす前は、体が雨で濡れてしまう。しかし、傘をさせば雨で濡れずにすむ。傘をさすことによって、直後に

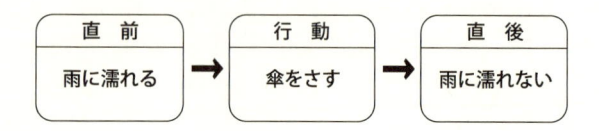

```
┌─直 前─┐    ┌─行 動─┐    ┌─直 後──┐
│雨に濡れる│ → │傘をさす│ → │雨に濡れない│
└─────┘    └─────┘    └──────┘
```

「雨に濡れる」→「雨に濡れない」という状況の変化が起こる。これが、行動随伴性から見た傘をさす理由である。この状況の変化が傘をさすという行動を強化している。

ところでこの場合の状況の変化は、メガネをかける場合と違うことにお気づきになったであろうか。メガネをかける場合は、次のようになっていた。

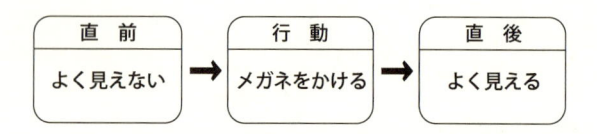

```
┌─直 前─┐    ┌──行 動──┐    ┌─直 後─┐
│よく見えない│ → │メガネをかける│ → │よく見える│
└─────┘    └───────┘    └─────┘
```

どちらも行動することによって、直前から直後にかけて状況が変化するが、変化の方向が違う。メガネをかける場合は「見えない」→「見える」と変化するのに対し、傘をさす場合は「濡れる」→「濡れない」と変化する。変化の方向が逆である。メガネの方の変化は、「ない」→「ある」に方向が変化したので、これを出現の変化と呼んだ。そこで、傘の方の「ある」→「ない」への変化を「消失の変化」と呼ぶ。

行動を起こすことによって、何かが出現しても消失しても行動が強化されるとは、ずいぶんいい加減な話のように聞こえる。出現と消失は対立する概念であり、逆方向の変

化であるから、どちらの変化も行動を増やすのであれば、出現するものと消失するものとは、性質が逆だと考えれば筋が通る。行動が強化される時に行動の直後に出現したものは「好子」であった。そこで、行動が強化される時に行動の直後に消失するものは、その逆の性質をもつもの、すなわち「嫌子(けんし)」である。これが人間の行動の2番目の法則である「嫌子消失の強化」である。

嫌子消失の強化：行動の直後に嫌子が消失すると、その行動は将来繰り返される

「好子」と同様に「嫌子」もまた私たちの造語で、日本語の辞書には載っていない。定義は好子の逆である。嫌子の「嫌」は嫌いとか嫌だという意味であるから、嫌子とは、その行動をする人にとって嫌いなもの、嫌なものと考えたくなるがそうではない。嫌子の本来の定義は「行動の直後に消失した場合に行動が強化される刺激や出来事」というニュートラルなものである。ただし「嫌」の文字をあえて使ったのは、嫌子となる刺激や出来事は、行動する本人にとって嫌いなものが多いからであり、イメージとしてわかりやすいからである。雨で体が濡れることは、熱帯地方ででもない限り、あまり気持のよいものではない。

嫌子消失の強化も日常生活の中に無数に見つかる。親や上司に叱られた時、自分に落ち度はないと思いつつも、とりあえず「すみません」と謝ってしまうことは多いが、そ

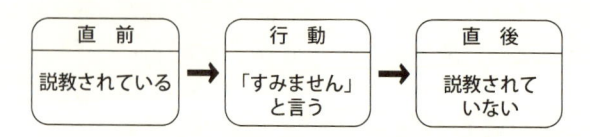

こには次のような随伴性が働いていると考えられる。

直 前	→	行 動	→	直 後
説教されている		「すみません」と言う		説教されていない

　本当にすまないと感じているかどうかはともかくとして、神妙そうに「すみません」と言えば、相手も「今後は気をつけるように」などと言いながら説教が終わる。説教の消失が「すみません」と謝ることを強化しているから、この場合の説教は嫌子といえる。

　私は子供の頃、獅子舞とちんどん屋が恐くて仕方がなかった。お正月に家に獅子舞が来たり、商店街でちんどん屋に出会ったりすると、目をつむるか目をそらすかしていた。そうすれば、視界に入らない。負けん気が強かったせいか泣いたりはしない（負けん気が強いから泣かないというのは医学モデルによる説明である。行動分析家といえども、日常的にはこうした言い方をするという見本である。だからといってそれを信じているわけではない。スキナーがいみじくも書いているが、天文学者が美しい夕日を見ながら「ああ、陽が沈んでいく」と言ったとしても、天動説を信じているのではないのと同じである）。

　獅子舞とちんどん屋の随伴性は次ページのようになろう。
　目をつむったり目をそらしたりする行動は、嫌子の消失によって強化されていた。

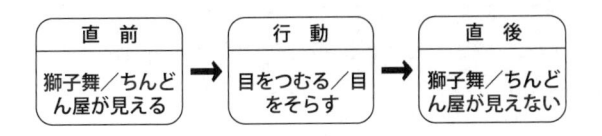

直 前	→	行 動	→	直 後
獅子舞/ちんどん屋が見える		目をつむる/目をそらす		獅子舞/ちんどん屋が見えない

嫌子出現の弱化

 日常生活においてわれわれが繰り返ししている行動について、なぜ反復性があるかの答えは出た。行動が行動直後の好子の出現や嫌子の消失によって強化されるからである。しかし、行動というものは、繰り返されるばかりとは限らない。反対に、かつてはしていた行動をしなくなることもあるだろう。

 小さな子供はうっかり目を離すと何をしでかすかわからない。私の4歳年少の弟は、よちよち歩きの頃に、バランスを失った拍子に目の前のガスストーブに右手をついた。もちろん火がついたように泣き出し、母は弟の右手を氷で冷やしながら、背に負って皮膚科に駆け込んだことはいうまでもない。幸い治療が功を奏し、今ではやけどの跡はすっかりなくなっている。しかし、この一件以来、弟はガスストーブには手をつくことはおろか、近づくことさえしなくなった。なぜ、ストーブに近づかなくなったのかを随伴性で記述してみよう。

 ところで、この場合、分析の対象となる行動は何か。「ストーブにさわらない」ではない。ストーブにさわらないことは死人にもできるから、「ストーブにさわらない」

は行動ではない。答えは「ストーブにさわる」である。「ストーブにさわる」行動がなぜなくなったのかを考えるのだ。

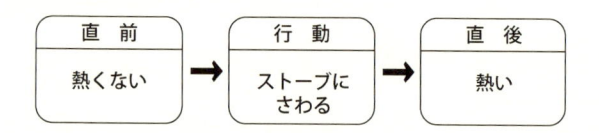

直前		行動		直後
熱くない	→	ストーブにさわる	→	熱い

弟がストーブにさわらなくなったのは、うっかりストーブにさわって熱い思いをしたからである。ストーブにさわると、その直後、熱くて瞬時にやけどをして痛いめにあう。これを経験したことで、ストーブにさわる行動に変化が起こったのである。

行動が繰り返し起こること、あるいは現に今起こっていることをさして、行動が強化されているといった。その逆に行動をしなくなることを専門用語では「**弱化**」という。弱化とは文字通り行動が弱くなることであり、行動の回数が減ったり、行動の程度が軽くなることを意味する。

それでは、行動の直前直後の状況の変化を見てみよう。「熱くない」→「熱い」という具合に状況が変化している。変化の方向は、「ない」→「ある」だから「出現」である。そして行動はしなくなった。痛みを伴う熱さの出現によって、行動は弱化されたのである。

何か変だと思った人はいるだろうか。確か、行動の直後に「好子」が出現すると行動は強化されたはずだ。行動することによって何かが出現すると、行動が強化されること

もあれば弱化されることもあるとは、ずいぶんいい加減な話のように聞こえる。強化と弱化は対立する概念であり、行動の増減に関して逆方向の変化であるから、出現したものの性質が違うと考えれば筋が通る。行動が強化される時、行動の直後に出現したものは「好子」であった。そこで、行動が弱化される時に行動の直後に出現するものは、その逆の性質をもつもの、すなわち「嫌子」である。これが人間の行動の3番目の法則である「嫌子出現の弱化」である。

嫌子出現の弱化：行動の直後に嫌子が出現すると、その行動は将来しなくなる

不始末をしでかした部下や学生や子供に対して、普通の人がすることは、叱ったり怒鳴りつけたりすることだ。叱る方としては次の効果を期待している。

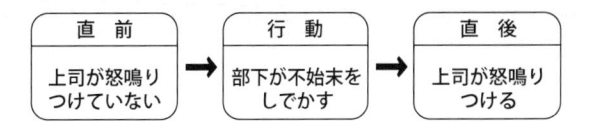

直 前	→	行 動	→	直 後
上司が怒鳴りつけていない		部下が不始末をしでかす		上司が怒鳴りつける

「怒鳴る」という嫌子の出現によって二度と不始末をしなくなることを狙っているのだろう。しかし、嫌子という刺激は先天的に存在するわけではない。「怒鳴る」ことが嫌子だといえるのは、怒鳴ることによって、同じような不始末をしなくなったことが確認された時である。いくら怒鳴

りつけても懲りずに不始末を繰り返すとしたら、怒鳴ることは嫌子ではないといえる。事実、叱ることによって行動が弱化しないどころか増える場合さえある。いたずらを叱ると、かえっていたずらの度がエスカレートするのを経験した人はいるだろう。こういう時、反抗心のあらわれとか、反発したといって説明するのはもちろん心的、概念的説明による医学モデルである。叱ることが好子になって、いたずらが強化されたと考えるのが行動分析家である。

怒鳴っても効果がないことがすでに実証済みの場合でも、なぜ上司や親や教師は、飽きもせずいつも怒鳴るのだろうか。毎度怒鳴りつけるということは、怒鳴る行動は強化されているということだ。随伴性で記述してみよう。

随伴性によって行動を分析する時、まず第1に考えるべきは、分析の対象となる行動である。先ほどの場合は部下の行動であったが、今回は、なぜ上司はいつも怒鳴りつけるのかを考えるのだから、上司の行動が分析の対象となる。

直　前	行　動	直　後
部下の顔がひきつっていない	上司が怒鳴りつける	部下の顔がひきつる

怒鳴りつけると部下の顔が一瞬ひきつったり、ビクリと動いたりする。あるいは、それまでくどくどしていた言い訳をやめるかもしれない。

1つの行動に対する状況の変化は1つとは限らない。むしろ複数ある方が普通である。上司が怒鳴りつける行動に

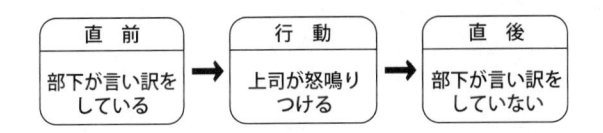

直前	行動	直後
部下が言い訳をしている	上司が怒鳴りつける	部下が言い訳をしていない

も、これ以外にいろいろの随伴性があるだろう。いずれにしても、顔がひきつったり、怒鳴り声を聞いてビクッとしたりするのは「ない」→「ある」への状況の変化だから、出現によって行動が強化されている。一方、言い訳をやめる方は、「ある」→「ない」への変化だから消失の変化である。したがって、上司が部下を怒鳴りつける行動は、好子出現の強化と嫌子消失の強化の2つで強力に強化されている。たとえ何度怒鳴っても効果が見られないとしても、毎度怒鳴らずにはいられないのは、強化の随伴性が強力にあるからなのである。

強化の随伴性と違って、弱化の随伴性は日常生活の中で見つけにくいところがある。なぜなら、弱化されている行動とは、現在ほとんど、あるいはまったくしていない行動であるから、存在自体がないか、あっても希薄である。ないものを見つけることは難しい。

好子消失の弱化

強化の随伴性は2種類あるのだから、弱化の随伴性も2種類あると考えるのが論理的だ。もちろんある。

親しき仲にも礼儀ありで、相手のあやまちを必要以上に激しく非難すると大切な友人を失うことになる。それ以来、

相手を傷つける言い方をしなくなった場合には、次のような随伴性が働いている。

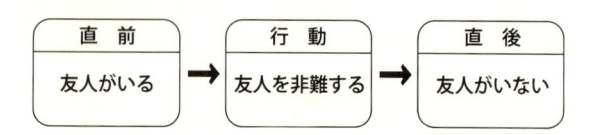

直　前	→	行　動	→	直　後
友人がいる		友人を非難する		友人がいない

相手を傷つける物言いをしなくなった理由を考える場合も、分析の対象となる行動は「非難しない」ではなく、「非難する」である。非難しないでは死人テストにパスしない。非難する行動がなぜ弱化するかを考えなければならない。

山の展望台から身を乗り出して、はるか下を見下ろしたところ、かけていたサングラスを落とした人は、崖から身を乗り出すのを控えるようになる。

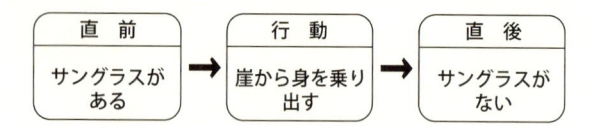

直　前	→	行　動	→	直　後
サングラスがある		崖から身を乗り出す		サングラスがない

どちらの場合も、分析の対象とした行動は弱化する。状況の変化の方向は「いる」→「いない」、「ある」→「ない」だから消失の変化である。行動の直後に「嫌子」が消失すると行動は強化されることはすでに述べた。ここでは行動が逆に減っているわけだから、消失したものは嫌子と逆の性質をもっている。したがって「好子」である。行動の直後に好子が消失すると、行動は弱化する。これが４番

目の法則である「好子消失の弱化」である。

好子消失の弱化：行動の直後に好子が消失すると、その行動は将来しなくなる

交通違反による減点や罰金、スポーツにおけるペナルティは、皆好子消失の弱化随伴性の実践である。

以上の4つの随伴性、好子出現の強化、嫌子消失の強化、嫌子出現の弱化、好子消失の弱化、は基本随伴性と呼ばれ、人間を含めた動物の行動を考えるうえで根本となる行動の法則である。似たような言葉の連続で頭が混乱するので、以下のようにマトリックスに整理するとわかりやすい。

	好子	嫌子
出現	強化	弱化
消失	弱化	強化

4つの基本随伴性

最初に出てきた好子出現の強化さえ覚えておけば、好子／嫌子、出現／消失、強化／弱化はそれぞれ対立概念であるから、論理的に考えれば正解にいきつく。好子が出現すれば強化であるなら、消失すれば弱化である。好子が出現すれば強化であるなら、嫌子が出現すれば弱化である。嫌子が出現すれば弱化であるなら、消失すれば強化である。

できればこの4つを覚えておいて、あなたの身の回りの人々や自分の行動を分析する癖をつけてみよう。世の中の

見方がずいぶん変わることに気がつくはずだ。

行動は無意識のうちに強化／弱化されることもある

たいていの人間は、自分のことは自分でよくわかっている、自分のことは自分がいちばんよく知っている、と思っている。だから自分が今何をしているのか、そしてなぜそれをしているのか、わかった気でいる。たとえ、自分の行動が強化や弱化の原理に従っていることを（不承不承であれ）認めたとしても、その原理に自分は気づいていると思っている。メガネをかけるとよく見えるようになることを"知っているから"、メガネをかける。熱いストーブにさわるとやけどをすることが"わかったから"、ストーブにはさわらない。上司に叱られた時、とりあえず謝れば説教が終わると"気づいているから"ともかく謝る。

しかし、知る知らないにかかわらず、わかっているかどうかにかかわらず、行動は随伴性の制御を受ける。人によって声の大きい人もいれば、声の小さい人もいる。しかし、誰であれ声の大きさというのは、ある程度の範囲内におさまっているように思える。小さすぎて聞こえないような声で話したり、逆に大きすぎる声で話すことは、相手から強化されないからだ。

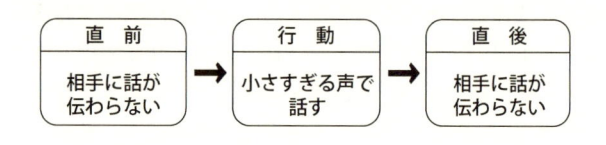

直 前	行 動	直 後
相手に話が伝わらない	小さすぎる声で話す	相手に話が伝わらない

行動をしても状況の変化は起こらないから、この行動は強化されない。大教室で100人を超える学生相手にマイクなしで授業をする私や、舞台俳優などの特別な場合を除けば、声を出す時に、いちいちどのくらいの声を出そうかなどと意識する人は少ない。しかし、発声は明らかに状況の変化で制御されている。ヘッドフォンをつけたまま会話をすると、ふだんより大声で話すことになるが、相手や周囲から注意されない限り気づかないことが多い。ふだん通りに話したのでは自分の耳にはよく聞こえないからである。もちろん相手から話しかけられれば、その声もよく聞こえないから、ヘッドフォンをはずす。

　ドアの開け閉めにしても同じである。ドアをどのくらいの強さの力で開けるかなど、いちいち考える人はいない。使い慣れているドアであればなおさらである。また、おそらく開け閉めするのに要する力は、どのドアでもそう変わらないように設計されているのだろう。しかし、これがたてつけの悪いドアだったり、特別に重いドアだったりすると「無意識に入れた力」では開かない。「無意識に入れた力」というのが、ふだん「強化」されている行動の強度である。

　そんなことに気をとめる人はいないだろうが、それが行動随伴性というものなのだ。その反対に、思いがけなく非常に軽いドアを開け閉めするはめになった経験はおありだろうか。私の愛車のドアは非常に重いので、たまに他人の車に乗った時など勢いあまって体のバランスを崩したり、

第2章　行動の原理　　63

ものすごく大きな音を立てることになる。そのような時、多少の幅はあるにせよ、ある程度の行動が強化されていることがはじめて意識される。意識的であればもちろんのこと、意識されなくても、随伴性が行動を制御しているのである。

消去と復帰
● 消去

行動は随伴性によって変化する。ある行動が現在なされているのは、そこに強化の随伴性が働いているからである。現在している行動が、生涯にわたり常に強化されつづけるとは限らない。電気のオンオフやドアの開け閉めの随伴性に関しては、強度は変わることはないだろうが、好子の出現や嫌子の消失に他者がからんでいる場合は、対人関係が変わることによって、随伴性が変わる可能性も大いにある。

極端にいえば、それまで強化されていた行動がまったく強化されなくなることもある。新年度になって担任の先生がかわり、子供に対する対応の仕方がまるで違ってしまったり、人事異動によって人間関係が変化し、まるで異なる随伴性にさらされたりする場合である。

実はこの例は第1章ですでに見ている。目が悪い人は自分のメガネはかけるが、他人のメガネを借りてかけることはしない。なぜなら他人のメガネをかけても、よく見えないからである。

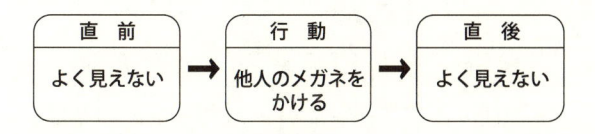

直　前		行　動		直　後
よく見えない	→	他人のメガネを かける	→	よく見えない

　行動をしても直後に何の変化も起きなければ、その行動はしない。電話をかけるのは、その場にいない人と話ができるからだが、何度電話をかけても相手が電話に出なければ、それ以上はかけない。

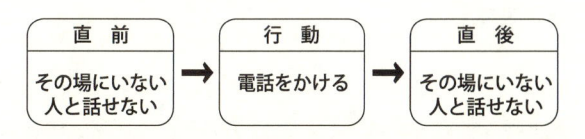

直　前		行　動		直　後
その場にいない 人と話せない	→	電話をかける	→	その場にいない 人と話せない

　電話は知人からばかりかかるとは限らない。仕事中にセールスの電話がかかってくることほど腹の立つことはない。仕事の手を休め、席を立って電話に出ると、節税対策のマンションか墓地のセールスである。経験のある人も多いだろうが、たいていの人は、「結構です」とか「興味ありません」とか返事をする。それで引き下がっては、セールスとしてははなはだお粗末なわけで、相手はさらに畳みかけてくる。すると、多くの人はまた返事をしてしまう。しかし、私はそのようなことはしない。最初に一言「結構でございます」と言うだけだ。その後相手が何を言っても、送話口を手で塞いだまま黙っている。電話は切らない。しばらく相手は話しつづけるが、そのうち先方から電話を切る。そして私も受話器を置く。いくら話しても私からの反応が

得られなければ、いずれ話すのをやめるのである。

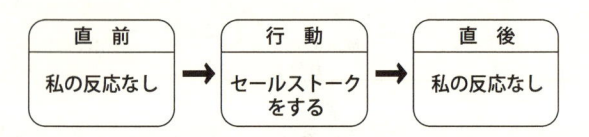

直 前	→	行 動	→	直 後
私の反応なし		セールストークをする		私の反応なし

このように、行動をしても何も起こらなければ、いずれ行動はしなくなる。強化されない行動はしないのである。これを専門用語で「**消去**」という。強化随伴性がなければ、行動は消えてなくなる。

● 復帰

強化随伴性がなくなると行動は消去される。それでは弱化随伴性がなくなるとどうなるのだろうか。騒いでいて「静かにしなさい」と叱られた子供たちが、おしゃべりをやめる。嫌子出現の弱化である。

直 前	→	行 動	→	直 後
叱られていない		騒ぐ		叱られる

いったんは騒ぐのをやめた子供たちも、注意する人がいなくなるとまた騒ぎ出す。これを「**復帰**」という。

直 前	→	行 動	→	直 後
叱られていない		騒ぐ		叱られていない

弱化随伴性がなくなれば、行動は元に戻って増えてしまう。そうであるならば、叱っても意味はないことになる。四六時中この子供たちを見張って叱りつづけることはできないのだろうから。しかし、随伴性がなくなれば行動が元の木阿弥になるのは、弱化の場合に限ったことではない。すでに述べた強化随伴性もなくなれば行動は消去する。弱化は無意味だと考えるのは、そこに無意識のうちに価値判断が含まれているからだろう。叱られなくなったからといって、また騒ぎ出すのがけしからんと思うのは、騒ぐのは望ましいことではないと考えているからだ。

　2週間前に階段を踏み外して右足首を捻挫した私は、その場に居合わせた知己のケアマネージャーに翌日杖をプレゼントされた。右足を地面につくとひどく痛むから、この杖は本当にありがたかった。このあと数日にわたって、私が右足を地面につけて体重をかける行動は、痛みという嫌子の出現によって完全に弱化されていた。

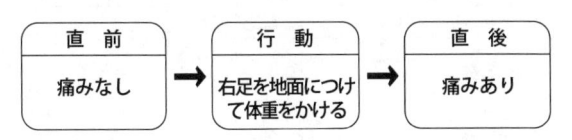

直 前	行 動	直 後
痛みなし	右足を地面につけて体重をかける	痛みあり

しかし、今では多少は残っているものの、すでに痛みは

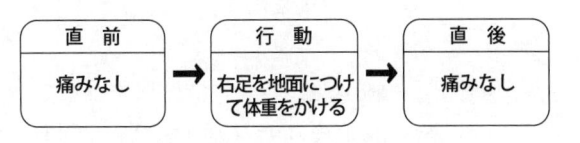

直 前	行 動	直 後
痛みなし	右足を地面につけて体重をかける	痛みなし

ほとんどない。私はけがをする前と同様に、杖を手放し、地面に右足をつけて普通に歩いている。

嫌子出現の弱化随伴性がなくなったことにより、右足を地面につけて体重をかける行動は、自然に復帰したのである。私の回復を喜ぶ人はいても、弱化随伴性がなくなって右足にふたたび体重をかけるようになったのはけしからんと言う人はいないだろう。この場合は、弱化が無意味だとは誰も考えない。価値判断が含まれているというのは、そういうことである。

ところで、弱化随伴性がなくなると、なぜ行動は復帰するのだろうか。それは、もともとその行動を維持していた強化の随伴性が存在するからである。

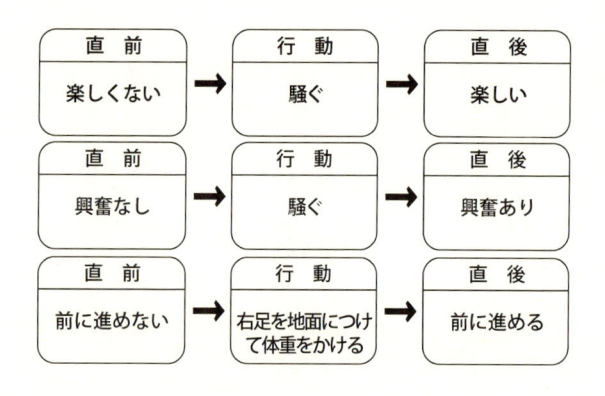

直 前	行 動	直 後
楽しくない	騒ぐ	楽しい
興奮なし	騒ぐ	興奮あり
前に進めない	右足を地面につけて体重をかける	前に進める

先行刺激による行動の制御

私たちの行動が行動直後の状況の変化によって制御され

るというのが、オペラント行動の根本原理であった。行動の直前から直後にかけての状況の変化を「結果 consequence」ともいい、B・F・スキナーはこれを「結果による選択 selection by consequence」と呼んだ。しかし、人間の行動は結果だけで規定されるわけではない。知っている人に会った時は挨拶をするが、いつも同じ挨拶をするわけでない。相手によって言い方や動作が変わるだろうし、時間帯によっても変わる。家族や親しい友人には「おはよう」ですむが、「おはようございます」と言わなくてはならない相手もいる。午前中であれば「おはよう」と言うが、夜に「おはよう」と挨拶するのは一部の業界人だけである。挨拶それ自体は、もちろん結果によって強化されている。

直 前	行 動	直 後
相手が挨拶していない	自分が挨拶する	相手が挨拶する

　朝には「おはよう」と言い、昼には「こんにちは」と言い、夜になると「こんばんは」と行動が変わる時、結果以外に行動を制御しているのは、挨拶という行動をする時の「時間帯」という条件である。「おはよう」と「おはようございます」で違うのは、挨拶の相手という刺激である。このように、行動を実行する際、行動に先行する刺激や条件が行動に影響を与えることを「**刺激性制御**」という。刺激や条件が行動を制御しているという意味だ。刺激性制御の随伴性は次のように書ける。

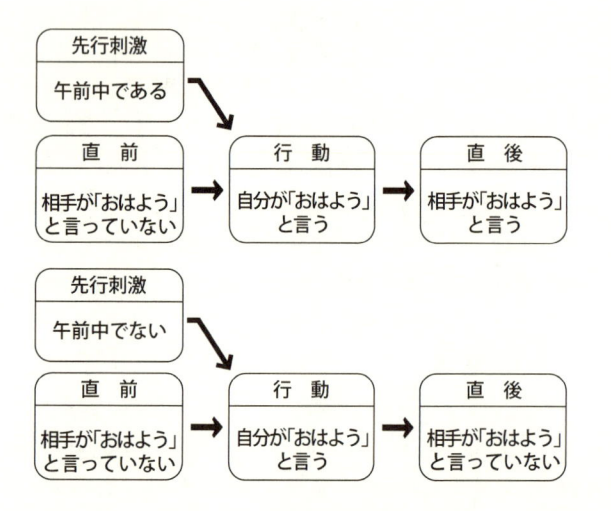

```
┌─────────────┐
│  先行刺激   │
│             │
│ 午前中である│
└─────────────┘ ↘
┌─────────────┐   ┌─────────────┐   ┌─────────────┐
│   直 前     │   │   行 動     │   │   直 後     │
│相手が「おはよう」│ → │自分が「おはよう」│ → │相手が「おはよう」│
│と言っていない│   │   と言う    │   │   と言う    │
└─────────────┘   └─────────────┘   └─────────────┘

┌─────────────┐
│  先行刺激   │
│             │
│ 午前中でない│
└─────────────┘ ↘
┌─────────────┐   ┌─────────────┐   ┌─────────────┐
│   直 前     │   │   行 動     │   │   直 後     │
│相手が「おはよう」│ → │自分が「おはよう」│ → │相手が「おはよう」│
│と言っていない│   │   と言う    │   │と言っていない│
└─────────────┘   └─────────────┘   └─────────────┘
```

　午前中に「おはよう」と挨拶すれば、相手からも挨拶が返ってくる。つまり好子出現で強化される。しかし、正午をとうに過ぎた時間に「おはよう」と言っても相手にされない。消去である。刺激性制御とは、ある条件では行動は強化されるが、そうでない時には消去されることで、前者の時にだけ行動が起こることをいう。

　その逆もある。どんなに急いでいたとしても、車が減速せずに自分めがけて走ってくるのを目にしながら、道路を渡る人はいない。そんなことをしたら、大けがをするか命を落とすかするだけだ。道路を横断する時は左右の安全を確かめるか、あるいは信号が青になるのを待つ。自分の進路をさえぎる車がいるかどうか、信号が何色であるかによって、横断するかどうかが決まってくる。

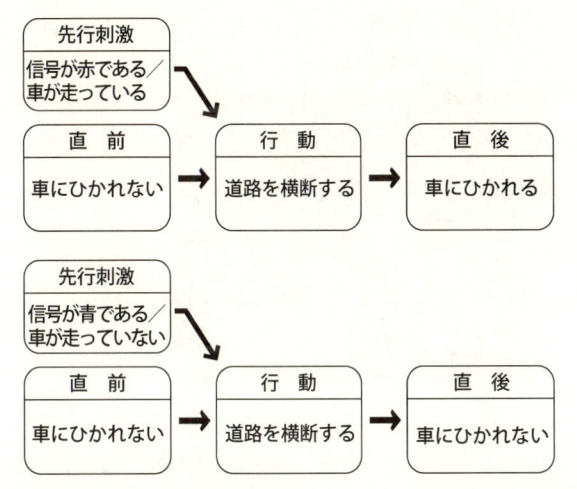

```
┌─────────────┐
│  先行刺激    │
│信号が赤である/│
│車が走っている │
└──────┬──────┘
       ↓
┌─────────┐   ┌─────────┐   ┌─────────┐
│  直 前   │ → │  行 動   │ → │  直 後   │
│車にひかれない│   │道路を横断する│   │車にひかれる │
└─────────┘   └─────────┘   └─────────┘
```

```
┌─────────────┐
│  先行刺激    │
│信号が青である/│
│車が走っていない│
└──────┬──────┘
       ↓
┌─────────┐   ┌─────────┐   ┌─────────┐
│  直 前   │ → │  行 動   │ → │  直 後   │
│車にひかれない│   │道路を横断する│   │車にひかれない│
└─────────┘   └─────────┘   └─────────┘
```

信号が赤だったり、車が猛スピードで近づいてくる時には道路横断が嫌子出現で弱化されるが、信号が青だったり、車がいない時には復帰する。したがってこの随伴性のもとでは、信号が青の時や車がいない時にだけ道路を横断する。弱化による刺激性制御である。

スキナー箱

実は、私が行動分析学の世界に入ったきっかけは、この刺激性制御の実験に驚いたからである。

1930年代に行動分析学がスタートした当時は、実験室の中でネズミ、次いでデンショバトを被験動物として使って、これまで述べてきたような行動の原理が次々と発見されていった。刺激性制御の実験は、1956年にノーマン・ガット

マンとハリー・I・カリッシュによってはじめて行われたが、それは次のようなものであった。

ハト用スキナー箱 （写真・慶應義塾大学提供）

キー（直径2センチの窓から刺激を提示）

エサ箱

　ハトを1羽、30センチ立方程度の実験箱に入れる。この実験箱は、最初に使ったスキナーの名前をとって、通常スキナー箱といわれている。スキナー箱の内壁の一面に、直径2センチ程度のキーと呼ばれる窓がある。この窓にスキナー箱の外部から色光を照射する。そして、緑の色光を照射した時（ハトから見ればキーが緑に見える）には、キーをつつくとエサが与えられる。しかし、赤の色光を照射した時（ハトから見ればキーが赤に見える）は、いくらつついてもエサは与えられない。消去である。緑と赤の色光をランダムな順序で見せながら、1日に20分この訓練をつづける。すると、はじめのうちは緑でも赤でもつつくのだが、訓練を繰り返すうちに赤の時はつつかなくなり、1週間もすれば緑の時はつつくが、赤の時はまったくといっていいほどつつかなくなる。キーの色がハトの行動を刺激性制御

するようになったのだ。この時、ハトは緑と赤とを弁別しているという。

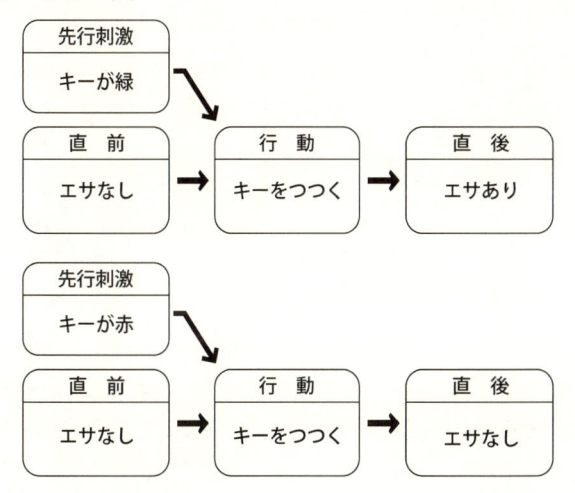

```
[先行刺激]
 キーが緑  ↘
[直 前]    [行 動]      [直 後]
 エサなし → キーをつつく → エサあり

[先行刺激]
 キーが赤  ↘
[直 前]    [行 動]      [直 後]
 エサなし → キーをつつく → エサなし
```

緑と赤の弁別ができるということは、ハトには色覚があるということである。私はこの実験に感激し、行動分析学の世界に入ったのである。

般化

ところで、この実験にはまだ続きがある。ハトが緑と赤とを弁別するようになったら、次に、緑と赤に加えて、橙、黄、黄緑、青緑、青などの11種の色光を照射して、ハトがどのような行動をとるか調べてみた。すると、強化された緑の色光だけでなく、緑に近い黄緑や青緑の時もキーをついたのである。ついた回数をグラフにあらわすと、次

のようなきれいな逆U字型の曲線が得られた。

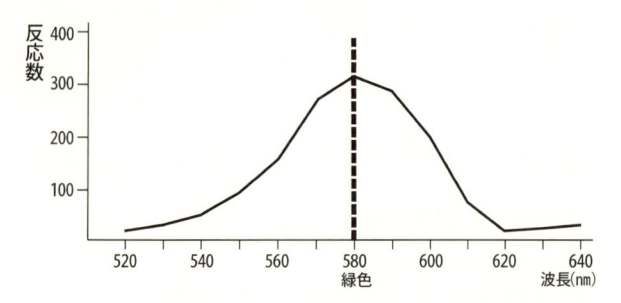

ハトの実験による光の波長についての般化勾配
(Guttman & Kalish, 1956を一部改変)

つまり、もともと強化された刺激だけではなく、それに似ている刺激に対しても、行動を起こしたのである。これは「**般化**」と呼ばれる現象である。刺激が行動を規制する刺激性制御は、弁別と般化という2つの相反する現象から成り立っている。弁別は、違う刺激に対してはそれぞれ違う行動をとることで、般化は、逆に、刺激や条件が違っても同じ行動をすることである。

私たちの生活には弁別と般化のどちらも欠かせない。弁別ができなければ、友だちの顔を見分けることはできない。般化がなければ、髪形を変えた友だちを別の人間だと思い込みかねない。

人の顔を見分ける時に、手がかりになるものはたくさんある。目の大きさ、一重か二重か、鼻の大きさや形、顔の輪郭、眉の形や太さ、顔色、髪形や髪の毛の色、さまざまな手がかりがある。対象をどの手がかりで見分けるかとい

う問題に関しては、もちろん個人差もあるだろうが、種差が大きいといわれている。一般に人間は、個々の部分の違いよりも全体的な特徴を見て弁別するのに対し、ハトはむしろ個々の特徴に左右されやすい。

　私は昔、赤塚不二夫の漫画で面白いものを見たことがある。バカボンのパパのような顔をした主人公が家に遊びにきた友人に夕食をふるまうのだが、そこにほうれん草のゴマ和えが出てきた。友人が食べたところゴマが顔についた。すると、それまで友人を「○○君」と盛んに呼んでいた主人公は、突如として「××君」と呼びかける。どうしたことだと思いつつ、またゴマ和えを食べると、さらにゴマが顔の別のところにつく。すると今度は、「△△君」と呼びはじめる。これを繰り返すうちに、ついに友人は気づくのだ。主人公は人の顔を全体的な風貌で弁別しているのではなく、ほくろの位置で弁別しているのだと。

　赤塚不二夫が刺激性制御を知っていた可能性は低いとは思うが、『ニャロメのおもしろ生命科学教室』とか『ニャロメのおもしろ宇宙論』などの作品もあるから、もしかすると知っていたのかもしれない。いずれにしても鋭い人間観察に敬服した。

　以上、第2章では「4つの基本随伴性」「消去と復帰」「刺激性制御」について述べた。

第3章 行動をどのように変えるか

新年の誓いはなぜ破られるか？

わが国でも最近は米国並みに健康志向が強くなり、どこのジムもなかなか盛況だという。とくに、新年の年明けには活況を呈し、いつもならすぐに使えるマシンが順番待ちになることもある。私の親しい先輩もミレニアムを期して、2000年の1月4日の営業開始日から高級ジムの会員となった。「新年の誓い」である。お正月の飽食による体重増への自覚も、これに拍車をかけるのだろう。しかし、この盛況ぶりも3月にもなれば元の状態に落ち着くのだそうだ。三日坊主ならぬ3ヶ月坊主である。

毎年（!?）新年の誓いを立てる人も多いようだが、毎年誓いを立てるのなら、誓いを立てる行動は何らかの随伴性によって強化されている。しかし、3ヶ月坊主で終わるのなら、肝心のそれを実行する行動の方は、日常生活の中では強化されていないといえる。

行動分析学は、行動の原因を明らかにする科学である。行動の原因がわかるのなら、行動に問題がある時には、その原因に対処しながら、行動を望ましい方向に変えていく方法もわかるはずである。基礎科学がさまざまな応用科学を生み出してきたように、行動の科学にも行動の工学がある。行動分析学は、1930年代にまず実験室の中で被験動物を使って行動の基本原理を発見することから始まったが、基本原理が明らかにされるにつれ、その応用への関心が高まった。行動の原理に基づいた行動の改善の研究が最初に

発表されたのは、1959年のことである。それ以来、さまざまな場面における社会的に意義のある行動に改善のメスが入れられ、それは、応用行動分析という新しい科学として集大成されながら今日に至っている。

第2章ではさまざまな行動随伴性について述べてきた。それでは、行動に問題があり改善を必要とする時、行動分析学ではどのように対処していくのだろうか。第3章ではこの部分を読者の皆様とともに考えてみたい。

知識こそが行動の源なのか？

改善を要する行動の問題の多くは、やるべきことをしなかったり、やってはいけないことを、つい、してしまったりすることにまとめられる。なぜそのような問題が生じるかといえば、1つには知識不足が考えられる。やるべき行動のやり方がわからなかったり、なぜそれをしなければならないのか、あるいはしてはいけないのかを十分認識していない場合である。

大学教授という知識人でありながら、糖尿病が進行すると失明の恐れがあることを知らずに（医者が説明しなかったとは思えないが、本人はそう主張していた）、血糖値が200を超えても食事制限はおろか痛飲を繰り返していた私の知人も、主治医に失明の危険を警告されたとたん、「本が読めなくては何の人生か！」「なぜ最初から教えてくれなかったのか！」と、好きなお酒を断ち、カロリー制限を守るようになった。知識が不十分で、行動に問題が起きて

いたわけである。

　何をすべきかわからなくてやるべきことを怠ったり、やめるべきことをいつまでもつづけているのなら、このように適切な指示を出せば話は解決する。だからこそ、上司は部下に「もっと仕事をしろ」「まじめにやれ」と檄をとばすし、親は子供に「勉強しなさい」「電車の中で騒ぐな」と言うのである。しかし、指示を出せば相手はその通りに実行し、問題がすぐに解決するほど世の中は甘くはない。指示を出しただけで望み通りに行動が変わるのなら、教師稼業など気楽なものである。

　なぜやらないのかという問題には、必ず知識や情報の不足がからんでいるわけではない。とくに人間の行動は「意図」して行われるものだと考えている人たちは、おそらく知識こそが行動の源と思っている。しかし、遅刻や無断欠席は学生につきものであるが、遅刻や欠席をしてはいけないことを知らないとは、誰も思っていない。遅刻や欠席をしてはいけない、少なくともしない方がよい。それは単に規則としていけないからだけではなく、遅刻や欠席をすれば授業が受けられず、単位取得不足や卒業に響いて自分が不利になることが頭ではわかっていても、遅刻や欠席をするのである。

　タバコは体に悪いとわかっていてもなかなかやめられないし、これ以上飲めば翌日二日酔いになるとわかっていても度を過ごす。痩せたいと思うのなら、栄養バランスに気をつけながら摂取カロリーを制限し、適度な運動をすれば

よいのである。そんなことは誰でも知っている。しかし、知っていてもそれを実行できない人が大半である。人間は頭で理解できればするべきことをし、やるべきでないとわかれば我慢できるというものでもないのである。

また、言って聞かせると返事だけはいいが、肝心の仕事はさっぱりというのもよくある話だ。これについては次のような研究もある。ある大学で、大学院生をティーチング・アシスタント（授業準備や試験の採点、あるいは授業そのものの手伝いを有給で行う。学内でできるアルバイトだから希望者は多く、採用されるのは優秀な学生である）に雇って教授の仕事を手伝わせたのだが、翌週までにやっておくように指示した仕事をろくにやらない。当然注意や叱責をするが、事態はいっこうに改善せず、仕事の達成率は50パーセントにすぎなかった。そこで、これまでの口頭での指示にかえ、文書で指示を出すようにし、なおかつ週に1回ミーティングをもち、仕事の進捗状況を確認するようにしたところ、指示した仕事はほぼ100パーセント遂行するようになった。

その様子をあらわしたものが次の図である。実験に参加した4人の学生のうち、2人のデータである。●は「はい、やります」と引き受けた仕事の数を1週ごとに累積数で示している。△はそのうち、実際に仕事を完了した数である。点線の前の週では、どちらの学生も引き受けた数と完了した数は乖離（かいり）している。学生Aでは約半分、学生Bでは3分の2くらいしか完了していない。そこで、点線の日を境に、

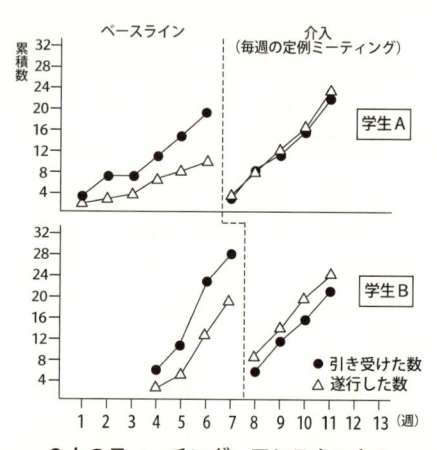

**2人のティーチング・アシスタントの
仕事を引き受けた数と遂行した数の累積記録**
(Fulton & Malott, 1982を一部改変)

単に仕事を依頼するだけでなく、毎週、定例のミーティングをもち、進捗状況をチェックし、それに対して必要なフィードバックを行うことにした。すると、図でわかるように、学生Aは引き受けた仕事はほぼ完遂し、学生Bに至っては、コンスタントに引き受けた以上の仕事をするようになった。

ティーチング・アシスタントはなぜ頼まれた仕事をしないのか。給料をもらっているだけでなく、指導教授の言うことを聞かなければ、もしかすると学業に不利になるかもしれないことぐらい考えそうなものなのに。腹を立てた教授は、医学モデルで原因を追及し、「やる気がない」とか、「自分に敵意をもっているのではないか」と勘ぐりかねな

い。

　指示を出せば相手はその通りにすると考えるのは、ある意味では幻想である。行動の原理から考えると、指示を出すことによって行われる可能性の高い行動とは何か。それは、言われたことを遂行する行動ではなく、「はい、わかりました」と仕事を引き受ける行動である。この大学院生も最初からやらないとは言っていない。なぜなら、そこには、次のような随伴性があるからだ。

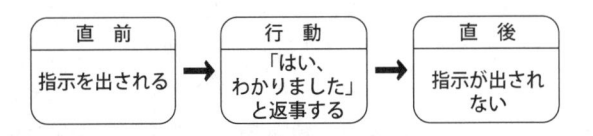

直　前	行　動	直　後
指示を出される	「はい、わかりました」と返事する	指示が出されない

「はい」と返事をすれば、そこで教授からの指示は終わり、教授から解放される。嫌子消失の強化随伴性だ。私もよく祖母から「尚子は返事だけはいい（しかしやらない）」と言われたものだ。頼まれた仕事を引き受ける行動と、それを実行する行動とは別物である。両者を混同して、何度言ってもやらないと嘆くだけでは、問題は解決しない。ジュディス・コマキはその名の通り日系の研究者であるが、リーダーシップについての著作の中で、有能なリーダーとそうでないリーダーとの違いを、指示の出し方に注目して面白い視点を提供している。

　次の図は、あるヨットレースで、艇のリーダーたちがクルーに対してどのように指示を出しながら、レースを進めていったかを、時間の流れにそって記したものである。記

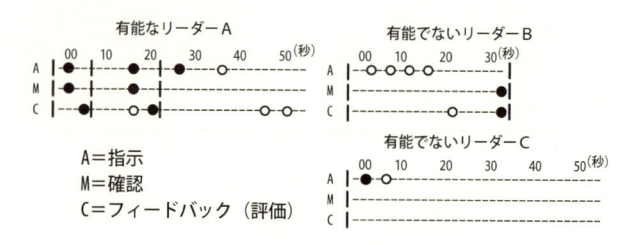

リーダーによる指示の出し方の違い
(Komaki, 1998を一部改変)

号Aはリーダーが出した指示、Mは指示をクルーが遂行したかどうかのリーダーによる確認、Cはクルーの遂行に対するリーダーのフィードバック（評価）であり、それぞれがどの時点でなされたかを●印で示している。（明確な指示やフィードバックを●、あいまいなものは○で表示されている。）

有能なリーダーAの場合、まず、指示を出し、それとほぼ同時点で行動観察をしている。つまり、指示を出しっぱなしにするのではなく、それを実行するかどうか、そのまま見守るわけだ。さらに、遂行に対し、すぐにフィードバックもする。指示通りならばOKを出し、指示通りにしなかったなら、修正させる。

一方、有能でないリーダーBは、指示を何度も繰り返したあと、しばらく時間が経過してから、クルーの様子を見、フィードバックを与えている。また、リーダーCに至っては指示を出しただけで、観察もフィードバックもしない。

垂直方向に破線が入っているのは、最初に出した指示か

らフィードバックまでの1セットがこの時点で完結したことを示している。コマキは、指示→観察→フィードバックの1セットを短時間で完結することが、よいリーダーシップであるとしている。

具体的な指示を出す—行動的翻訳—

 指示を出すだけでは必ずしも行動の改善は見られないとしても、せめて相手が実行しやすいような指示を出すことを心がけるのは重要であろう。実行しやすい指示とはどのようなものだろうか。昨今の政界では、マニフェストやら行動計画やらがはやっているが、指示を出す時もできるだけ「具体的な指示」を出す必要がある。

 フロンガスによるオゾン層の破壊が北半球で深刻な問題となっている。それによって紫外線が直接地表に届き、皮膚ガンの原因となるからである。私が子供の頃は、夏は日に焼けた小麦色の肌が、健康的であると大いに推奨されたが、現在では道を歩く時にはUVカット加工された日傘をさし、プールでもあまり日焼けしないようにつとめるのが望ましい。

 デイビッド・ロンバートらは、会員制のプールに来た客に対し皮膚ガンの予防を呼びかけたが、この時彼らが出した指示は「皮膚ガンを予防しましょう」ということではない。そんな抽象的なことを言ったのではなく、「プールサイドでは日陰に入る」「顔が日陰になるようなつばのある帽子をかぶる」「上半身はTシャツを着る」「サングラスを

かける」「ＳＰＦ（日焼け止め用化粧品に表示される日光防止指数）２以上の日焼け止めローションを塗る」という５つの指示であった。どちらの指示が守られやすいかすぐにわかるだろう。実験の結果は、予想通り「具体的な指示」を出した方が、日焼け予防行動は実行されやすかった。

専門家は自分では何でもよくわかっているから、相手には理解不能の指示を出しても平気でいることも多い。心臓発作を起こした患者に対し、ナトリウムを控えてカリウムを多めに摂取するようにとか、適度な運動を心がけるようにと言っても、言われた患者の方はわかったようなわからないような気になるものだ。

ナトリウムを控えるのは塩分を控えるとして、カリウムがどの食品に含まれているのか知らない人は多いし、だいたい「多め」というのはどのくらいの量をさすのか見当がつかない。適度な運動というのもそうである。どのくらいの運動が適度であるのかは、人によって解釈が異なるだろう。

そこで、このようなあいまいな指示のかわりに、「毎食後、１日３回オレンジジュースをグラスに１杯ずつ飲みなさい」（カリウムは生野菜や果物に多く含まれている）とか、「毎食後、家の周りをウォーキングしなさい」と言われた方が、行動は実行されやすい。

このように、あいまいな指示を具体的な行動のレベルに落とし込むことを行動的翻訳という。翻訳とは、何も異言語間だけに行われるものではない。あいまいな言葉を具体

的な行動の言葉に書き換えることも翻訳である。

　教育現場にあって、あいまいな指示を与えて学生を困惑させながら、指示に従わなかったと言って学生を責める個人攻撃の罠に陥っている教師を見るたびに心が痛む。

技能に問題がある場合の対処法

　やり方がわかり、なぜやらなければならないかがわかれば、実行するとは限らない。わかっていてもやらないのが人間である。なぜか。もう1つの問題は、やるだけの技能がないことである。頭でわかっていても、体がついていかない。ゴルフのレッスン本を何冊も買い込み、他人には立派な理論をとうとうと述べる当の本人が、プレイしてみるとまるでお話にならないことがある。

　どうすべきかわかっているだけでは不十分で、それを実行できるだけの技能がなければ問題は解決しない。そのためには、もちろん繰り返し練習するしかない。ただし、練習して上手にできるようになろうと決意することは簡単であるが、実行するかどうかの問題はまた別である。また、「練習しなさい」と指示するだけでもだめなことは先述の通りである。繰り返しの練習をこなすには、「練習しなくては」という意識をもつだけでは無理な場合が多いのである。

シェイピング

　練習が重要だからといって、ただやみくもにすればよい

というものではない。効率的な練習をする方が、する方にとってもさせる方にとっても、精神的にいいことはいうまでもない。スポーツには練習がつきものであるが、行動分析学の応用分野にもスポーツ行動分析や行動的コーチングと呼ばれる領域がある。練習はつらいものだが、くじけずにつづけ、記録を伸ばしていくには、どのような指導の仕方が重要かを研究する分野である。

　10代のはじめから競技を始めた21歳になる棒高跳びの選手がいた。国際的にも活躍しているのだが、記録が伸び悩んでいる。彼にはフォーム上の欠点があり、助走してポールを地面に突き立て空中にジャンプする際に、ポールを持った腕を完全に伸ばしきることができない。彼自身もその点は承知しているのだが、どうしても克服できず、記録が停滞していたのである。

　そこで、バーのところにビデオカメラを設置し、1センチ刻みでポールを持った腕の高さを計測できるようにした。そしてこの青年に試技を繰り返してもらい、ジャンプ時の腕の高さの平均値を計測したところ、2.25メートルであった。しかし、腕を伸ばしきれば、ジャンプ時の腕の高さは最高値2.54メートルになるのである。

　そこで、いよいよ実験開始である。バーの2.30メートルのところにフォトセンサーを取りつけ、腕の高さが2.30メートルに達しなかった時はブザーが鳴るようにした。はじめのうちは、試技の50パーセントでブザーが鳴ったが、毎日練習を繰り返すうちに、90パーセント以上の確率で基準値

の2.30メートルに達するようになった。次に基準値を2.35メートルに変更し、同じ手続きで練習を繰り返す。90パーセント以上の確率で基準値を達成できたら、さらに基準値を2.40メートルにあげる。これを繰り返しながら、最終的には基準値は2.52メートルまで引きあげられ、その結果、5.15メートルで停滞していた彼の記録は、5.37メートルにまで伸びたのである。この間のデータがグラフに示されている。

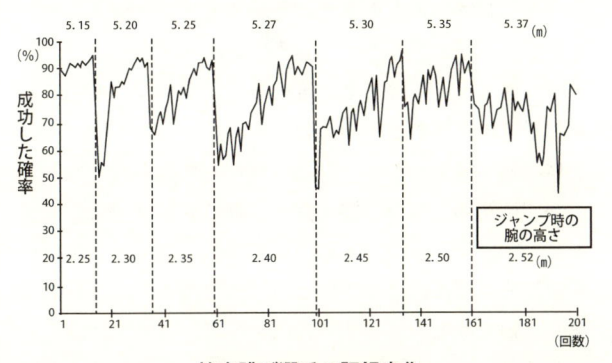

棒高跳び選手の記録変化
(Scott, Scott & Goldwater, 1997を一部改変)

現時点で達成可能な2.30メートルから始め（試技の平均は2.25メートルであるが、これはあくまで平均であり、2.30メートル以上を記録することもあったから、2.30メートルは達成不能の数値ではない）、段階的に目標を引きあげ、最終的に限界値に近い2.52メートルを達成した。

このように、まず第1に、現時点で達成可能な目標を設定し、それが安定して達成できるようになったら、少しず

つ目標を引きあげ、最終目標を達成することをシェイピング shaping という。

シェイピングのシェイプは、シェイプアップのシェイプと同じで、形を作るという意味だ。シェイプアップはボディラインを美しく作りあげ、シェイピングはこれまでできなかった新しい行動を作りあげる。

ビデオカメラを設置したり、フォトセンサーをつけたり、5センチ刻みで目標を引きあげていくなど、まだるっこしいと思うかもしれないが、「急がば回れ」ということわざや「ウサギとカメ」のたとえもある。地道な努力の積み重ねから勝者になることもあるのである。

勉強をぜんぜんしない子供や、指示した仕事をこなせない人々に最初から高い目標を押しつけ、結局は挫折させてしまうのと、少しずつでも目標を達成し、達成感を味わいながら最終目標に到達するのといずれを選ぶかは、行動分析学の問題ではない。どちらに価値を見いだすかは教える人の問題である。できないからといって、自分や他人を責めたり無視したりすることを選ぶか、時間をかけてでも最終的な実りを選ぶのか。

私は大学4年の時、卒業論文を書くためにデンショバトを使った実験に着手した。動物を使って研究をする際に最初に行うことは、めざす行動を動物にシェイピングすることである。

ハトの場合は、実験箱の中のキー(p.72参照)をつつくのを教えることから始める。動物相手では言葉は通用しな

いから、指示によって教えることはできない。シェイピング以外に方法はない。ハトがキーの方を見ることから始め、キーに近づく、キーの前に立つ、キーの周囲の壁面をつつく、という具合に目標を少しずつあげていき、最終的に、当たり前だが、いっさいの言葉を使わずにキーつつきを教える。

　私がはじめてハトにこのシェイピングをした日、それは夏の暑い日であったが、2時間かかってもハトはキーをつつかず、ついにあきらめて実験箱から取り出した。先輩から「できたか？」と聞かれたので、「2時間かかってもできませんでした。それ以上つづけると、暑さでハトが死ぬのではないかと思ってやめました」と答えると、「暑さくらいでハトが死ぬか。もっとやれ」と叱られた。

　その後、レースバトを屋根の上で飼っている光景を何度も目にしたが、炎天下では鳩舎の中は40度くらいになることもあるのだというから、先輩はあながち無茶を言ったわけではない。次の日に40分かかって、はじめてハトがキーをつついてくれた時は、本当に感激したものである。

　私ははじめてのシェイピングに2時間40分を要したわけだが、その後研究をつづけ、数十羽のハトをシェイピングするうちに、平均の所要時間はわずか2、3分ほどになった。キーをつつくまでに2時間40分かかるハトが愚かで、2、3分でできるハトが優秀だと思う人がいるかもしれないが、はじめのうちはどのハトも時間がかかり、経験を積むうちにどのハトも2、3分でできるようになったということは、覚えの善し悪しはハトのせいではなく、私の教え

方の技量にあったといってよい。

効率よいシェイピングには3つの秘訣がある。

1番目は「即時強化」で、ともかくめざす目標を達成したら、間髪入れずにすぐに強化するということである。この強化のタイミングは何より重要で、タイミングが遅れると、予期しない行動を強化してしまうことになる。

2番目は「目標は少しずつ引きあげること」である。ハードルを急に高くすると、当然のことながら、挫折の可能性が高くなる。

3番目は「挫折をした時の対処の仕方」である。順調に目標を達成していても、あるところから先に進まなくなることはよくある。そのような時、教える人や周囲の人はどういう態度に出るかというと、あるところでつまずくと、ともかくつまずいたところをしつこく何度もできるまでさせる。もちろん繰り返し練習してそれでできれば問題はないが、結局何度やってもできなくて、嫌気がさして投げ出すことも少なくない。それを避けるには、つまずいた時にある程度やってみて、やはりできそうになければ、目標を少し下げるか、1つ前の段階の目標に戻り、そこで練習して出直すことである。途中までは順調にいっていたのが、あるところでつまずくということは、前の目標で技能が十分身についていないか、次の目標の設定が高すぎたかのいずれかであるからだ。

私は10人ほどのビジネスの世界の人たちと、月に1回パフォーマンス・マネジメント研究会なる会合をもっている。

ビジネスの現場で行動分析学を役立てようという意欲的な人々の集まりである。パフォーマンス・マネジメント研究会という名前は長いのでＰＭ研と呼んでいるが、午後から開くからではない。

　ここでシェイピングの３つの秘訣を話した時、あるビジネスマンの感想は次のようなものであった。会社では新入社員から始まって、仕事をだんだんと覚えて昇格していく。順調に昇格していくうちに、あるポストで仕事上の失敗が連続すると、昇格はそこでとまる。これは少し古い話なので、当時は降格ということは考えられなかったから、失敗をつづけたポストにとどまりつづけることになる。言い方を変えれば、もっとも不得意な仕事をできないまま担当しつづけるということだ。「１つ前の仕事に戻してあげれば、彼の技量で会社に貢献できたのに……」としみじみと語ったのが印象的であった。行動分析学のビジネス分野への応用は、組織行動マネジメント（OBM）、またはパフォーマンス・マネジメントと呼ばれるが、日本でもこれから期待される分野である。

チェイニング

　自分が身につけようと思う行動は、たいていの場合、ハトがキーをつつくほど単純なものではない。本を書くという仕事だってそうだ。コンピューターを目の前にすれば、泉から水のわき出るごとく文章が書けるわけではない。本を書くという行動は、必要な文献を探したり、それを本屋

に注文したり、図書館から借りたり、論文の抜き刷りを請求したり、手に入れた文献を読んだり、構成を考えたりといったさまざまなプロセスから成り立っている。

このプロセスをきちんと把握できていないとよい仕事はできない。逆にめざす行動までのプロセスを明確にすれば、行動が完遂される確率は非常に高まると、学生を含め多くの人を見ていて思う。課題を与えられても結果を出せない人の多くは、解決までのプロセスでするべき仕事の中身と量を把握できず、段取りができない。そのせいで、するべき仕事の量を過小評価している。

本を書くことに限らず、多くのプロセスを経て完遂される行動というのはたくさんある。そのような時は、プロセスを1つ1つ書き出してみる課題分析 task analysis という作業を行い、それにそって、プロセスを順序正しく遂行できるようにすることが求められる。

プロセスの1つ1つを鎖にたとえ、それをつなげていくという意味でチェイニング chaining と呼ばれる技法であり、鎖のつなげ方はいくつか開発されている。鎖を順番に前からつなげていくのは誰でも考えることだが、面白いのは、鎖を後ろから順番につなげていく逆行チェイニングという方法が、非常に効果を発揮することである。後ろからつなげていくといっても、ビデオの巻戻しのように後ろから前に向かって逆順にたどるわけではない。

歯を磨くという行動は、いきなり歯ブラシを口の中に入れて磨きはじめるわけではない。歯ブラシを手に持ち、水

道の蛇口をひねって毛先を水で濡らし、チューブの蓋をとってハミガキを搾り出し、それからおもむろに磨くものだ。磨いてもそれで終わりというわけではなく、また水道の蛇口をひねってコップに水を入れ、それで口をすすぐだろう。濡れた口の周りもふく必要がある。分け方にもよるが、全体で15〜20ほどのプロセスになる。

これを教える場合に、普通思いつくのは、はじめから順番にやらせて、途中でできなくなったら、手伝ってあげるというものだろう。どの親でもそうやって子供に教える。しかし、逆に、はじめの方は手伝ってしまい、最後のプロセスだけを自分でさせるというのが逆行チェイニングである。最後のプロセスが滞りなくできるようになったら、最後から2番目と最後だけを1人でしてもらう。それもできるようになったら、最後から3番目以降を1人でしてもらう。これを繰り返し、最終的には、最初から自力でできるようにする。最後の締めだけはきちんと自分でし、達成感を味わわせるところがみそである。

随伴性を変える

「しなければならない」「やめなくてはいけない」という「意識」や、「やろう！」「やめよう！」という「意欲」だけでは問題は解決しない。「意識」や「意欲」に「技能」が伴っても、まだ不十分であった。やらなければいけないことはわかっているし、やろうと思えばできるのに、それでもしないというのが人間というものだ。そこで問題にな

るのが行動随伴性である。

禁煙を志した人が、なぜタバコをやめられないのか。タバコをやめられないとすれば、タバコを吸う行動が強化されているといえる。どのような強化随伴性が働いているのだろうか。ダイアグラムで考えてみよう。

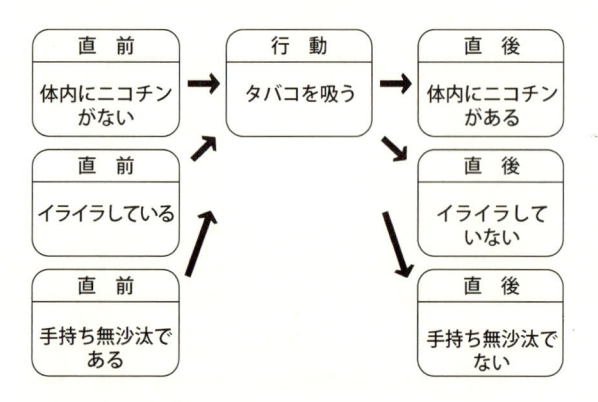

直 前	行 動	直 後
体内にニコチンがない	タバコを吸う	体内にニコチンがある
イライラしている		イライラしていない
手持ち無沙汰である		手持ち無沙汰でない

1つの行動に対する随伴性は1つだけとは限らない。ちょっと考えただけでも、3種類の強化随伴性を思いつく。それだけではない。最近では、嫌煙権という言葉はすっかり市民権を得ている。また、服や髪の毛に匂いがしみつくこともある。

自然のままの随伴性の中にも、このように弱化随伴性は存在しているが、タバコ好きの人にとっては、周囲からの冷たい視線や、服や髪の毛にしみ込んだ匂いよりも、ニコチンやイライラ解消の強化随伴性の方が強いわけだ。また、禁煙を決意した人の多くは、健康のためというのが理由で

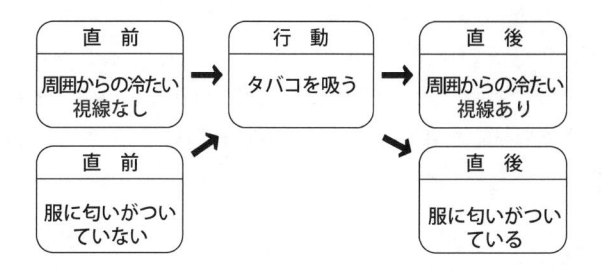

```
┌─────────────┐   ┌─────────┐   ┌─────────────┐
│   直 前     │   │  行 動  │   │   直 後     │
│周囲からの冷たい│ → │タバコを吸う│ → │周囲からの冷たい│
│視線なし     │   │         │   │視線あり     │
└─────────────┘   └─────────┘   └─────────────┘
┌─────────────┐       ↑  ↓      ┌─────────────┐
│   直 前     │       │           │   直 後     │
│服に匂いがつい│ ──────┘           │服に匂いがつい│
│ていない     │                   │ている       │
└─────────────┘                   └─────────────┘
```

あると思われるが、体に悪いと思っていながらなぜやめられないのだろう。健康を損なうことがなぜ嫌子にならないのか。

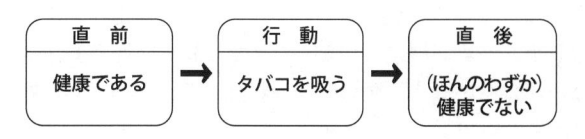

```
┌─────────┐   ┌─────────┐   ┌─────────────┐
│  直 前  │   │  行 動  │   │   直 後     │
│健康である│ → │タバコを吸う│ → │(ほんのわずか)│
│         │   │         │   │健康でない   │
└─────────┘   └─────────┘   └─────────────┘
```

確かにタバコを吸えば、体に害のある化学物質によって健康を損なうだろう。しかし、ここでタバコを吸うといっているのは、タバコを1本、いやもっと正確にいえばタバコを一口吸うことを意味している。

行動の原因を考える時、分析の対象となる行動は瞬間の行動であるほどよい。もちろん一口でもタバコを吸えば、害のある化学物質が体内に取り込まれ、ほんのわずか健康は損なわれるだろう。しかし、それは本人にはまったく自覚できない程度の微々たる損害である。喫煙は肺ガンの発症率を高めるといったところで、肺ガンにかかるまでには何年もあり、何千本何万本吸ってからの話である。1日何箱も吸

うようなヘビースモーカーで、肺ガンに縁のない人もいる。

自覚できないような微々たる状況の変化や、発症の確率もわからず、何年かあとに訪れる状況の変化は、行動に影響を与えられないのである。

60秒ルール

健康のために禁煙を決意しながら、いずれは健康の悪化が予測されるのに、禁煙がつづけられないのはなぜか。それは、健康の悪化という嫌子の出現の確率が低い（すべての喫煙者が肺ガンにかかるわけではない）ことに加え、今吸ったタバコが健康悪化をもたらすのは、喫煙の直後ではないからである。行動の直後の状況の変化が、行動の増減に関係するというのが行動の原理の基本であるが、問題は、直後の「後」とは、どのくらいの時間経過を意味するのかということだ。

直後といっても、人によってその解釈はさまざまであろうから、そこには何らかの約束事が必要になる。

われわれはこれを60秒としている。

もちろん、61秒だから行動を制御できないといっているのではなく、1つの約束事として規定している。60秒とはこれまたずいぶん長い時間で、少しも直後ではないと思われるかもしれない。しかし、日常生活においては、私たちはもっと長い時間で原因を考えている。

つらい試験勉強に耐えるのは、その先に合格の栄冠があ

るからで、コンサートの前売り券を徹夜で並んでまで求めるのは、何ヶ月か先に、確実によい席でそのコンサートを鑑賞できるからである。

　そう考えると、試験勉強をする原因は合格であり、徹夜で並ぶ原因は、よい席で音楽を聴けることのように思える。しかし、いずれの原因も、行動しはじめてから60秒以内に起こることではない。だから、試験勉強をつづけられる本当の原因は、合格することではない。試験勉強を始めて60秒以内に合格が決まるのであれば、勉強を途中で投げ出す人はいないだろう。同じように、タバコを一口吸ったとたんに肺ガンにかかるのであれば、誰だって禁煙できるのである。もちろん、現実はそうではないから、肺ガンになる恐怖だけでは行動は制御できない。

　こうして考えれば、自然の随伴性に身を任せていては、いつまで経ってもタバコをやめられないのは、ある意味では当然である。当然だと開き直るのは、言い訳の役には立つが、本当に禁煙したい人にとっては、だからどうするということになる。

抹殺法

　絶対にタバコを吸わずにすむ方法がある。それは地球上のタバコをすべて廃棄してしまうことだ。もちろんそれは荒唐無稽な話だが、自分の身の回りからタバコを排除する、ライターやマッチのたぐいを廃棄することはできる。そうすればタバコは吸わない。というより吸えない。問題はパ

ーフェクトに解決する。これを「抹殺法」という。

　禁煙以外でも抹殺法による解決はできる。私は本務校でセルフ・マネジメントの授業を担当している。セルフ・マネジメントとは、自己管理などとも訳されるが、要するに自分の生活の中に問題点を見つけて、それを行動分析学の手法を使って解決し、生活の質を高めていこうと学生1人1人が実践する授業である。

　ここでは、さまざまな問題が提起される。インターネットをやりすぎる、携帯電話を使いすぎる、無駄づかいをしすぎる、間食をやめたいなどいろいろ出てくる。抹殺法でこれらの問題を解決するなら、コンピューターを捨ててしまえばインターネットは使えないし、携帯電話を捨ててしまえば問題は解決する。外に出る時は、お財布もクレジットカードも持たなければよい。校則を重ねて破る学生は退学にすれば、その学生にとって、もはや規制する校則は存在しなくなるのだから破りようがない。不祥事を重ねる部下のクビを切れば、二度と不祥事に悩まされることはない。

　しかし、たとえ最大の効果があるとしても、この方法が最良だと考える人はいない。コンピューターや携帯電話をふたたび手に入れれば元の木阿弥である。

新しい随伴性を加える

　行動随伴性という考え方が、行動の原因分析に役立つのはすでに見ての通りである。ここで思い出すべきことは、行動の直後にある状況の変化が起これば、行動の頻度や強

度が変化するという行動の原理の大原則だ。好子出現や嫌子消失という変化が起こるから、行動が維持されるのであるし、嫌子出現や好子消失という変化が起こるから、行動をしなくなるのであった。

そうだとすれば、禁煙のように、行動を減らしたりなくしたりしたいのなら、行動の直後に、嫌子出現や好子消失という状況の変化を人為的に起こせばよいという理屈になる。自然のままに任せていては、ストレス解消やニコチン摂取によって強化されてしまう喫煙を、人為的に弱化すればよいことになる。

禁煙を促進するための薬がある。その薬を飲んでからタバコを吸うと、気分が悪くなる。それによって、喫煙を防止しようというのである。これはまさに弱化の原理を使って、行動を減らそうという方法であろう。

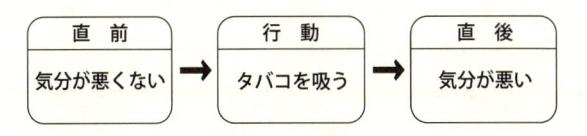

直 前	行 動	直 後
気分が悪くない	タバコを吸う	気分が悪い

自然のままに任せていては強化されつづける喫煙を、人為的に弱化の原理の制御下におくのである。マーク・トウェインのように何度も禁煙しながら挫折して、「自分は何と意志が弱いんだ」と自己嫌悪に陥ったり、「どうせ自分なんか何をやってもだめなんだ」と開き直ったりするのではなく、自然の随伴性に打ち克つような新しい随伴性を創出することに精力を使う方が、問題解決につながるのはい

うまでもない。

　服薬に頼らなくても、嫌子を出現させる簡単な方法はある。よく行われることだが、手首に輪ゴムを2、3本まいておき、タバコを取り出しそうになったり、火をつけようとした瞬間に、それをもう一方の手ではじくのである。当然痛い。

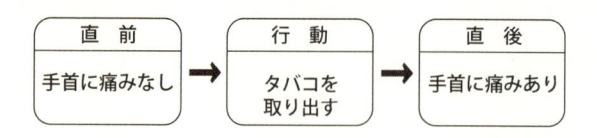

直　前	→	行　動	→	直　後
手首に痛みなし		タバコを取り出す		手首に痛みあり

　かつて私のクラスにいたある男子学生は、この方法で節煙に成功した。もちろん、手首の痛みぐらいでは嫌子にならない愛煙家も多い。要は、本人にとって有効な嫌子を考えることである。

　好子消失の弱化の代表例は、罰金である。タバコを目標値以上に吸うたびに、本数に応じて罰金を払う。

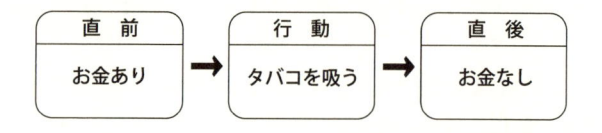

直　前	→	行　動	→	直　後
お金あり		タバコを吸う		お金なし

　親しい友人であるウェスタン・ミシガン大学のリチャード・マロット教授は、大の音楽好きである。自宅にはドラムのセットもそろえている。マロット教授は自分の学生に対し、私と同じようにセルフ・マネジメントの手法を実践させている。ある学生は、好子消失の弱化随伴性を使って、

やめたいと常々思っていた行動を直すことにした。その時彼が使った好子は音楽のカセットテープ（時代が古い）で、やめようと決意したことをしてしまったら、カセットテープを叩き割るというものである。

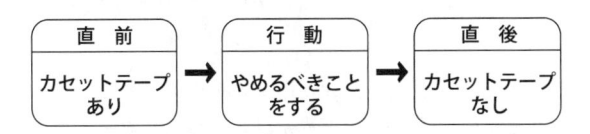

直　前	→	行　動	→	直　後
カセットテープあり		やめるべきことをする		カセットテープなし

もちろん、もう聴き飽きていらないテープを叩き割ったりしても意味はない。あらかじめ自分が気に入っているテープを選び、割るのである。この学生ももちろん音楽が好きだからこそこの実験が成り立つわけで、実際に自分でテープを叩き割ることはできず、マロット教授自身が金づちで叩き割ったのだそうだ。ふだんは冷静な音楽好きの教授も、この時ばかりは非常に動揺されたと語っておられた。しかし実験は成功し、1度お気に入りのテープを叩き割られてからは、この学生の問題はぴたりとおさまったという。

代替行動という考え方

随伴性というメガネで行動を見ていくのが本書の一貫した姿勢である。そして、随伴性というのは、行動と直前直後の状況変化のセットから成り立っている。禁煙を促進するための薬や輪ゴム、カセットテープを壊すことは、このうちの直前と直後の部分を変えることによって、行動の改善をめざすものであった。随伴性で行動を見ていこうとす

るのであれば、残るまん中の行動の部分はどう見ればよいのだろうか。たとえば、次の随伴性を考えてみよう。

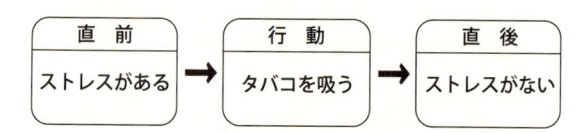

直 前	→	行 動	→	直 後
ストレスがある		タバコを吸う		ストレスがない

　タバコを吸うことは、本人自身の健康の点においても、周辺の人々にとっても、改善が勧められる行動である。しかし、タバコを吸うことによってなされるストレス解消という状況の変化には、少しも問題があるとは思えない。

　ストレスというものの実体はともかくとして、適度なストレスはあった方がよいという説はあるにしても、過度なストレスはあるよりはない方がいいだろう。嫌煙権を主張する人であっても、ストレス解消そのものを咎めることはないはずだ。

　問題なのは、喫煙によってストレスを解消することなのであって、ストレス解消自体には何ら罪はない。そう考えると、この行動の部分を差し換えて、何か別の行動でストレスを解消するよう考える方法もある。

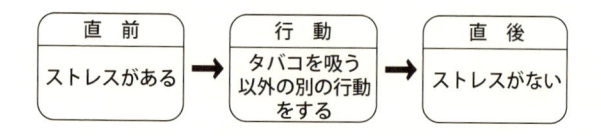

直 前	→	行 動	→	直 後
ストレスがある		タバコを吸う以外の別の行動をする		ストレスがない

　つまり、ストレス解消という点ではタバコを吸うことと同じ機能をもつが、本人の健康にも周囲の人にとっても望

ましい別の行動をすればよい。

同じ機能をもつかわりの行動のことを代替行動と呼ぶ。禁煙ガムというのも市販されているが、これも代替行動を見つける方法といえる。

直前	→	行動	→	直後
体内にニコチンがない		禁煙ガムをかむ		体内にニコチンがある

喫煙のかわりに禁煙ガムをかむことによって、同じニコチン摂取という直前直後の変化を生み出せる。

消去

やめようと思ってもやめられない行動は、背後に強化随伴性があるから維持されている。したがって、背後にある強化随伴性をなくせば行動はしなくなる。これを消去というのであった。

消去を使って問題行動を解決した研究は無数にある。行動の原理を世界ではじめて応用して問題解決に導いた研究は、1959年にテオドロ・アイヨンとジャック・マイケルによって発表されたが、そこで使われた行動改善の技法も消去である。

精神病棟に入院している患者が、用もないのに頻繁にナースステーションに入ってくる。これは看護師たちにとって何としても解決したい課題であった。用があって来る分にはいっこうにかまわないが、やってくるたびに「ご用は

なんでしょう」と聞いても何も答えない。答えないのは病気のせいだからと我慢や同情するのにも限界があり、2年も経つうちには、厄介者として扱われるようになった。

なぜ用もないのにナースステーションに来るのかを考える。病気のせい、愛情欲求などと考えるのは、医学モデルである。行動の原因は行動直後の状況の変化にある。この場合、直後の変化は明白で、ナースステーションに来れば、居合わせた看護師が振り向き、声をかけ、手を引いて病室に連れ戻す。つまり、看護師がいっせいに患者に注目する。

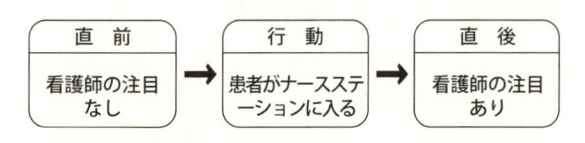

直　前	行　動	直　後
看護師の注目なし	患者がナースステーションに入る	看護師の注目あり

好子出現の強化随伴性である。そこで強化の随伴性をとりやめる。つまり、看護師は見て見ぬふりをし、何分経とうが、患者が自分から出ていくまで自分の仕事をつづけるのである。随伴性は次のように変化する。

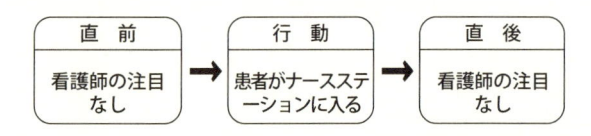

直　前	行　動	直　後
看護師の注目なし	患者がナースステーションに入る	看護師の注目なし

この結果、2年間にわたって、1日に平均16回ナースステーションにやってきて看護師を悩ませた問題は、4週間後には2回、8週間後には完全に消去した。

弱化と消去

　弱化も消去も直前直後の状況に手を加えることで、行動の減少を試みる技法である。どちらがより望ましい技法なのだろうか。

　行動分析学の学祖B・F・スキナーは1979年、日本心理学会と慶應義塾大学の招聘により来日を果たし、それぞれで講演を行った。慶應での講演は「罰なき社会」というタイトルで行われ、そこでは一貫してスキナーが主張してきた「嫌子を使ったコントロールを否定し、好子によって制御される社会システムをつくりあげること」の重要性が説かれた。

　スキナーだけでなく、専門家でも一般の人でも弱化随伴性で行動を改善しようとする試みは、否定的に受けとめられる。内容を知らなくとも、誰だって嫌子とか弱化というものより、好子とか強化というものに好感をいだくのは当然だろう。

　そうした感情的な問題だけではなく、好子を使う場合は、毎回の行動に好子が出現しなくとも行動が維持されやすいのに対し、嫌子によって行動を制御するには、嫌子を頻繁に与えつづけなければならないという実験結果もある。嫌子出現で行動を弱化するにはコストがかかる。これまでの随伴性に加えて、新しく嫌子を導入しなければならないからだ。

　一方、あまり歓迎されないにせよ、消去の方が嫌子に比

べれば、マイルドに受けとめられるようだ。また、単にこれまで行動を維持していた好子を取り除くだけだから、コストはかからない。ただし消去を有効に行うには、これまでその行動を維持していた強化随伴性が何だったのかという行動の分析、行動の原因の特定ができなければならない。逆にいえば、消去によって行動が減少すれば、これまでその行動を維持していた強化随伴性を特定できる。

行動を増やすには

それでは、禁煙とは逆に、やろうと思ってもなかなかしない行動を増やすにはどうしたらよいのだろうか。考え方は同じである。日頃の行動が維持されているのは、そこに強化の原理が働いているからだ。そうであれば、なかなかしない行動を少しでも増やすためには、人為的に強化の随伴性を設定すればよいということになる。

心身ともに健常な人にとっては、声を出して話すことにはさほどの身体的な負担はない。しかし、脳にダメージを受けた人にとってはそうではない。話をすれば言いたいことを相手に伝えられるという好子出現の強化随伴性は存在するのだが、同時に、発声自体に大変な労力を伴う。嫌子出現の弱化随伴性だ。言語表出の機能に損傷を受けるということは、行動随伴性も変えるのである。

グレン・R・グリーンらは、脳卒中の発作によって、適切な会話ができなくなった患者に対して、この問題に取り組んだ。

発症前

直 前	→	行 動	→	直 後
言いたいことが相手に伝わらない		話をする		言いたいことが相手に伝わる

発症後

直 前	→	行 動	→	直 後
言いたいことが相手に伝わらない		話をする		言いたいことが相手に伝わる

＋

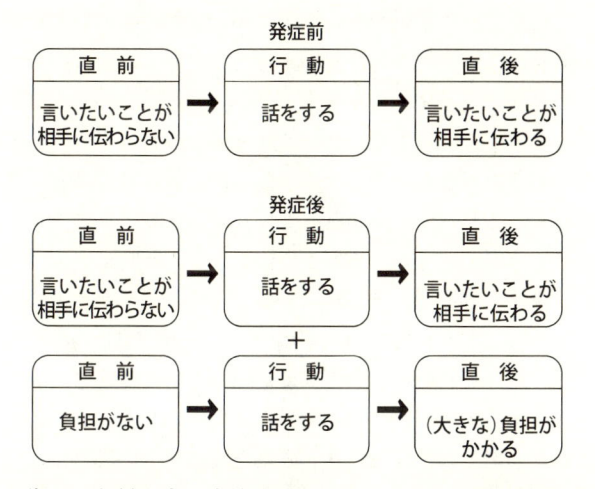

直 前	→	行 動	→	直 後
負担がない		話をする		（大きな）負担がかかる

確かに会話を失う直接の原因となった脳の損傷自体を修復できる可能性も少ないかもしれない。しかし、随伴性を変えることはできる。発声や発話に対する負荷を超えるような、強力な強化の随伴性を設定することで、この問題を解決しようとしたのである。グリーンらは、少しでも自発的に話しかけたり、問いかけに適切に答えられたりした時に、妻が積極的に強化することを考えた。使った好子は、笑顔を見せたり、励ましたり、肩に手をかけるなどのスキンシップをすることである。

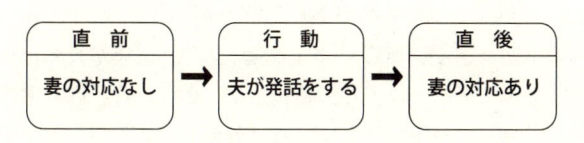

直 前	→	行 動	→	直 後
妻の対応なし		夫が発話をする		妻の対応あり

これを欠かさず励行した結果、脳卒中後遺症に悩む67歳の男性は、自発的な発話が増えただけでなく、妻の問いかけに適切に応答するようになった。

　ところで疑問に思うのは、これまでこの妻は夫に対して、このような対応をしてこなかったのかという点である。もちろん、これまでも夫が話しかければ、振り向いて聞いてあげるなどしてきたことだろう。しかし、同時に、人間とは身勝手なもので、夫が無口になったり、話しかけてもなかなか答えてくれないのは不満である一方、忙しい時に突然話しかけられると、生返事ばかりでろくに対応しないことも多い。夫の行動に対して、毎回欠かさず強化するのではなく、ある意味では、気が向いた時に自分の都合で強化している。それに対し、この研究では、どんなに忙しかろうと疲れていようと、夫の突然の話しかけに対しても即座に（60秒以内などと悠長なことをいわず）、何らかの対応をすることを強調した。

　ところで、グリーンらのこの研究では、発話を増やすことだけでなく、発話を減らす場合にも、新しい随伴性を設定して効果をあげた。研究対象になったもう1人の脳卒中の患者は、逆に、発症後、ある種の発話が多発するようになった。何が問題かというと、妻に対して、ありもしない言いがかりをつけるのである。言いがかりとは、「家の中に男を連れ込んでいる」「あいつは淫売だ」「俺が死ねばいいと思っているのだろう」といったことである。繰り返すが、これらは事実ではない。言いがかりである。

こちらの男性の場合も、このような妄想の発現とでもいうべき変化の誘因は、もちろん病気であろう。しかし、効果をあげた対処の方法は次のようなものであった。

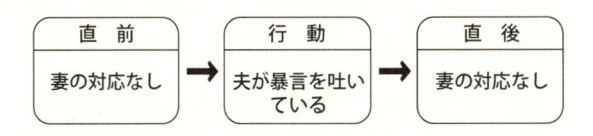

直　前	行　動	直　後
妻の対応なし	→ 夫が暴言を吐いている →	妻の対応なし

　行動の直前と直後に変化がない。つまり、たとえ自分を誹謗するようなことを言ったとしても、それを聞き流し、何ら対応をしないということである。その結果、妄想的発言の回数は減少した。もっと注目すべきことは、専門的には持続時間というが、妄想をならべつづけた時間の激減である。

　事実無根の誹謗をとりあわないようにしたところ、それまでは、1日に平均72分間暴言を聞かされていたのが、わずか12分に激減している。もちろん、ぶっ続けで72分間罵詈雑言をならべたてているのではなく、1日の合計が72分ということである。

　暴言を無視して聞こえないふりをしていたところ、事態は改善したわけだが、そもそもなぜこの男性は、妻に対して事実無根の暴言を吐いたのだろうか。脳卒中が引き金になったことは確かだろうが、もし脳卒中が原因だとしたら、妻の対応がどうであろうと行動に変化はないはずだ。妻が暴言を無視しはじめたとたんに、脳の損傷が回復したということはありえない。だからこそ行動随伴性で考える必要

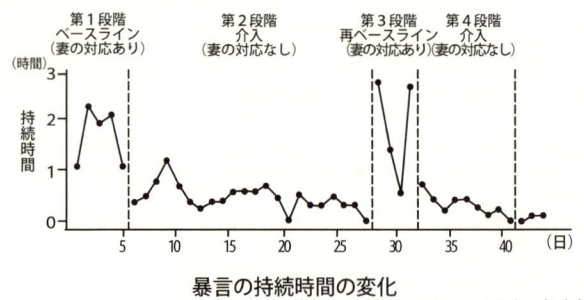

```
                第1段階        第2段階        第3段階    第4段階
                ベースライン    介入          再ベースライン 介入
                (妻の対応あり) (妻の対応なし) (妻の対応あり)(妻の対応なし)
        (時間)3
            2
        持続
        時間1

            0
                    5      10     15    20     25    28 30  32  35     40 41(日)
```

暴言の持続時間の変化
(Green, Linsk & Pinkston, 1986を一部改変)

がある。暴言を吐くことによって、どのような状況の変化が起こるのか。

　私は現場を見ているわけではもちろんないが、「男ができただろう」とか「俺が死ねばいいと思っているのだろう」と言われれば、「まさか、そんなわけないでしょう」「何をばかなことを言っているのですか」と否定し、それにもかかわらず、同じことを何度も聞かされれば、しまいには「勝手にしなさい！」と怒り出すのは目に見えている。これを随伴性で記述すると次のようになろう。

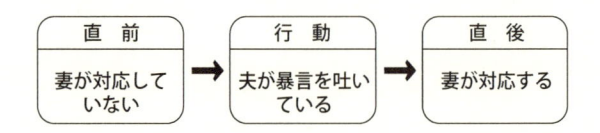

直　前	行　動	直　後
妻が対応していない	→ 夫が暴言を吐いている →	妻が対応する

　だいたい、このようなばかげたことを毎日繰り返す相手に対しては、たとえ家族とはいえ、必要以上にかかわりを

もちたくなくなるのは人情だろう。こういう毎日を繰り返すうちに、おそらく妻は、自分から積極的に夫に話しかけたり、コミュニケーションをとろうとする姿勢を失っていただろう。しかし、ひとたびあらぬ暴言を浴びせられると、毎度のこととはいえ、反論せずにはいられない。

　ところで、この随伴性は好子出現の強化随伴性である。そして好子は妻の対応、すなわち、「まさか、そんなわけないでしょう」「何をばかなことを言っているのですか」という反論や、またかといううんざりした顔の表情、怒りである。ということは、何とかしてこの暴言をやめさせようとする妻の行為がかえって仇となり、本人の意図とはうらはらに暴言を強化していることになる。

　ところで、反論やうんざりした表情や怒った顔が好子となって、ますます問題をこじらせているのに、なぜ妻はいつまでもこれを繰り返すのだろうか。もちろん、行動分析学の研究者でない妻は、そんなことになっているとは夢にも思っていないから無意識のうちにしてしまうのだが、それでは答えになってない。あくまで行動分析学的に考えてみてほしい。夫から謂れもないことで責められるたびに、妻が毎度決まってこのような態度に出るということは、こういう態度に出ることが、まさに強化されているといえる。強化とは行動が繰り返されることなのだから。なぜ、この行動は強化されるのか。行動による直前直後の状況の変化は何なのだろう。

　妻がガツンと一発反論すると、少なくとも一瞬の間は夫

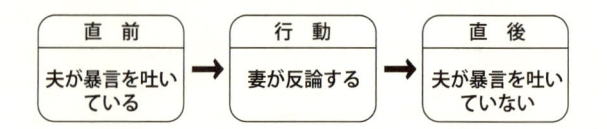

直 前		行 動		直 後
夫が暴言を吐いている	→	妻が反論する	→	夫が暴言を吐いていない

の出る幕はない。第1章にも述べたように、分析の対象となる行動は、瞬間の行動である。反論することによって一瞬状況が変わるから、反論は維持される。それが墓穴を掘っていることに気がつかないで。嫌子消失の強化である。

これは社会的悪循環と呼ぶところの現象である。社会的とは、2人以上の人間がかかわっているという意味であり、悪循環とは、互いに相手の行動を無意識のうちに強化しあって、問題がいつまでも解決できない状態をいう。

社会的悪循環は、何も脳卒中をわずらったこの患者の家族関係に見られる特異的な現象ではない。親と子供、上司と部下、恋人同士、友だち同士、あらゆる人間関係に見られる。相手の行為に不満を感じ、それを何とかしようとやっきになる行動が、実は相手にとっては問題行動の好子となり、問題行動をかえって助長してしまう。もちろん、当事者の多くは、そのことに気づいていない。

第4章　スキナーの思想と実験的行動分析

スキナーの哲学

第1、第2章では、「随伴性」という枠組みで行動をとらえることによって行動の原因を説明し、第3章では、その同じ枠組みで行動を変化させることについて述べた。ここでいったん、行動分析学の創始者であるB・F・スキナーはどのようにして、そうした行動観に至ったかについて述べながら、実験的行動分析の話をすすめてみたい。

ウィリアム・ドナヒューとカイル・E・ファーガソンは、スキナーの思想的な基盤形成に大きな影響を与えた先達を複数あげている。そのうちの1人はフランシス・ベーコンである。スキナーは、大学学部では心理学ではなく英文学を専攻し、将来は小説家になることを夢想したほどの人物であったから、中学生の頃からシェイクスピアに親しんでいた。歴史上のシェイクスピアと劇作家として有名なシェイクスピアが実は別人であるという説は古くからあり、一連の作品の本当の作者を探し出す試みも数多くなされてきた。シェイクスピア＝ベーコン説もその有力な推論の1つであり、スキナーはシェイクスピアを読む過程でこの説に接し、それを契機にベーコンの著作に興味をもつようになった、と自伝の中で述べている。

ベーコンはいうまでもなく、16世紀末から17世紀にかけてイギリスで活躍した哲学者にして政治家であり、大法官として地歩を築きながら、学問の刷新という雄大な構想を展開し、アリストテレスやプラトンといった権威あるギリ

シャ古典の中に真実を見いだそうとする従来の学問のあり方を否定し、帰納法を用い、経験と観察によって自然の中に存在する実在の法則を見いだすことをめざした。同時に、学問は抽象的で形而上学的な問題を扱うのではなく、世の中にある実際の問題にかかわって、その解決をめざすべきであるとも主張した。それゆえ、近代科学の創始者の1人といわれるのである。スキナーはその思想的影響のもとに、観察と実験に基づいて人間の行動の実在の法則を見いだし、生身の人間の世界にある行動が引き起こす諸問題を説明し、解決する科学をめざしたのである。

　スキナーの思想形成に影響を与えた2人目の人物は、エルンスト・マッハである。マッハは19世紀から20世紀にかけて活躍したオーストリアの物理学者にして哲学者であり、ニュートン力学批判を通じて、アインシュタインの相対性理論に道を開いた人物である。さらに、経験の重視、帰納法、科学による実際的な問題の解決への指向という点においてベーコンと同じ立場をとるとともに、科学のなすべきことは因果関係の同定であり、因果関係は関数関係 functional relationship として記述されるべきだと主張した。関数関係とは、事象 y は原因 x の関数、つまり $y=f(x)$ で記述される関係をいい、この関係を見いだす作業は関数分析 functional analysis と呼ばれる。マッハは、事象間の因果関係を記述するうえで、関数関係による記述がもっとも経済的であり、経済的な記述こそ科学の目的であると主張した（なお、近年、わが国の行動分析学の世界では、

functional analysis は機能分析と訳されるようになってきた。とくに応用研究で使われることが多いが、そこで記述されていることは、確かに行動の機能的な分析ではあるが、私にはまだなじめない)。

3人目にあげるべきは、行動主義心理学の始祖ジョン・B・ワトソンである。ワトソンは、1913年に、行動こそ心理学の研究対象であるとする行動主義宣言を行い、心理学の研究対象を意識から行動へと移し、心理学史上でもっとも大きな転換点をもたらした人物である。ワトソンは、犬の条件づけで有名なパブロフが発見したレスポンデント条件づけの原理によって行動を体系的に説明しようとしただけではなく、私的な事情でジョンズ・ホプキンス大学を追われたあとは、大手の広告代理店J・ウォルター・トンプソンで、自らの実証的な心理学に根ざしたマーケティング手法を開発し、データに基づく戦略で実績をあげ、副社長の地位まで昇りつめた。したがって、科学による問題の解決を重視したベーコンやマッハの思想を実践したともいえる。

スキナーは、これら先達の思想的基盤のうえに立って、行動分析学を作りあげた。行動を研究対象（従属変数）とし、随伴性を独立変数とする関数分析によって、行動の原因を同定する行動の科学を打ち立てたのである。しかも、ベーコンやマッハが主張したように、実験を通してこの関数関係を明らかにしようとした。

こうしたスキナーの行動観を支える哲学を、彼は自ら徹

底的行動主義 radical behaviorism と呼んだ。行動主義といったのは、文字通り、行動を心理学の研究対象としているからである。ただし、第1章で述べたように、行動とは日常的にわれわれが連想するような、手足を動かすような、目に見える動きだけをさすわけではない。

スキナーは行動を他者から観察できる顕現的 overt なものと、他者からは観察できない「皮膚の下」で起こる非顕現的 covert なものとに2分した。多くの心理学者も、そして心理学者ではない多くの人々も、この「皮膚の下」で起こる意識や思考や欲求が原因となって行動が起こると考えている。

「……しようと思ったから、その行動をした」「……したかったから、その行動をした」のだという説明は、日常的によくなされる。しかしスキナーは、日常的な考え方とは違って、他者から観察できない「皮膚の下」で起こる、意識や思考や欲求のような、いわゆる認知的 cognitive なものは行動の原因ではなく、逆に、それらもまた原因を発見されるべき結果(因果の果)なのであると主張した。すなわち、意識や思考もまた、随伴性を独立変数として関数分析されるべき従属変数なのである。これをさして、自らの哲学を徹底的行動主義と呼んだのである。徹底的の原語である radical とは root という意味であり、より深いという含意がある(なお、哲学の領域では radical は根本的と訳されるようだ)。

はじめはネズミ、そしてハトへ

ベーコンやマッハが主張したように、実験を通して行動の法則を見つけ出すことをめざしたスキナーであるが、随伴性を独立変数として行動をとらえる考え方は、はじめから日常生活の中の人間の行動を対象として研究されたわけではない。スキナーは、はじめはラット（白ネズミ）、次いでデンショバトを被験動物として、実験室の中で、これらの動物の行動の原理を見いだした。ネズミやハトを研究対象としたのは、これらの動物自体に興味があったわけではない。

ネズミは医学や薬学の世界で広く用いられる被験動物であり、入手のしやすさという実用性から使用したというのが第1にあげるべき理由であろうが、もう1つ忘れてはならないことがある。

スキナーの徹底的行動主義の背景には、すでに述べた先達に加えて、進化論を唱えたダーウィンがいる。進化論によれば、それぞれの生物は造物主によってはじめから現在ある形態として作られたのではなく、原初の単純な形態から次第に現在の形に変化したのであり、そこには生物種間の身体上の連続性が存在することになる。行動は、顕現的なものはもちろん、「皮膚の下」の認知的なものであっても、脳を含む身体によって引き起こされるものである以上、生物種間に身体的な連続性があるのなら、行動上の連続性もあるはずとスキナーは考えたのである。

ところで、ネズミと人間は見かけこそずいぶん違うが同じ哺乳類であるから、被験動物に使うのはわからなくはない。しかし、なぜハトだったのか。1つには、目がよいからである。

われわれ人間は通常、視覚、聴覚、嗅覚、触覚、味覚の五感を通して外界を認識するが、この中でも視知覚に長けた視覚優位の動物であるといわれている。身近なイヌやネコを含め、霊長類を除く多くの哺乳類は、色の識別ができないといわれていた。「いわれていた」というのは、2000年になって、麻布大学獣医学部のチームが、行動的な手法を使って、イヌに色覚があるという研究を発表したからである。

また、錐体細胞に関する生理学的な研究によって、闘牛士の赤いマントは実際は赤に見えていないといわれていたウシをはじめとする多くの哺乳類も、色覚をもつことが発見された。ただし、一部の霊長類を除いて、多くの哺乳類は、われわれと同じように三原色がわかるわけではない。科学が発達したこの世の中にあって、イヌに色覚があることが20世紀の最後になってやっと証明されたというのはまことに不思議に思えるが、この問題に興味をもつ科学者がほとんどいなかったのだろう。人工衛星の軌道の測定は、たとえそれがどんなに複雑であってもしないわけにはいかないが、ゾウの体表面積を測定する方法を考案することは、イグ・ノーベル賞（ハーバード大学で授賞式が行われる、ノーベル賞のパロディである）の対象となるのである。

いずれにせよ、鳥類に、少なくともハトに色覚があることはわかっている。しかも、人間とほぼ同じ視感度曲線が得られていることから、人間と同じ程度の色覚があるといえる。鳥類とサルの仲間に色覚があるのは、彼らが木の実や果物を食べるからだと考えられている。青い実と赤く熟した実を視覚的に区別でき、赤く熟した実を選択的に採食できるならば、できない動物に比べて、より多くのカロリーとミネラルを摂取できる。生存に有利に働くことで、その機能が選択的に進化してきたのだろう。

　スキナー自身は、第2次世界大戦中に、視覚に優れたハト3羽をミサイルに乗せ、スクリーン上に投影された標的をクチバシでつつくことによってミサイルを誘導させるプロジェクトに着手し、さまざまな改良の末、実験室内のシミュレーションでは高い精度のデータを得た。しかし、ハトによるミサイル誘導などという荒唐無稽な発想は、一部を除く軍関係者には冷笑をもって迎えられ、実戦に投入されることはなかったから、戦力としての実際の効果は不明である。

　このようにハトは視知覚に優れた動物であるが、ハトのみならず、鳥類の優れた能力に関しては、わが国の比較認知心理学の泰斗、慶應義塾大学の渡辺茂教授の一連の著作に詳しい（『ピカソを見わけるハト』『認知の起源をさぐる』『ハトがわかればヒトがみえる』『ヒト型脳とハト型脳』参照）。

系統的再現

はじめ、ネズミとハトで見いだされた行動の原理は、他の動物種によっても再現された。それは、ネコやウマやゾウといった哺乳類はいうに及ばず、ヘビのような爬虫類、キンギョなどの魚類、カニやタコやコウモリに至るまでである。強化随伴性が成り立つことを証明するには、同じ動物で実験を重ねるだけでなく、他種でも同じことが起こるかを確認することが重要である。このように多くの動物種に強化随伴性をしかけ、同じ関数関係が得られることを確認する作業は系統的再現と呼ばれる。

実験室における人間の行動

系統的再現は動物だけにとどまるものではない。スキナーはもとより、心理学者のほとんどは、人間の行動に興味があったからこそ心理学を志したのであり、究極の系統的再現は人間の実験を通して行われる必要がある。それでは人間に強化随伴性が本当に働くかどうか確かめた実験を見てみよう。

被験者となったのは、自分たちは実験者になることを依頼されたと思い込んでいる女子大学生2名である。実験室の机の上にはインターフォンがあり、ボタンを押して別の部屋にいる相手に指示を出すように言われる。課せられた仕事は3つである。インターフォンで指示を出すと、相手が名詞の単語を発音するので、1）次の単語を言う合図を

出す、2）机の上のレバーを使って、相手の部屋にあるカウンターの得点を増減させ、相手の発音に影響を与える、3）机の上のライトがついている時、何か気のついたことがあればメモを取る、である。

　実際にはこの2名の大学生は実験者ではなく、被験者であり、実験の本当の狙いは別にある。彼女たちが、インターフォンから相手に合図を出す場合、「次、お願いします」とか、「どうぞ」など、いろいろな言い方があるが、ある特定の言葉だけを強化できるかどうかを確かめることである。したがって、実際には相手はおらず、彼女たちの合図に従って、あらかじめ録音しておいた、プロの女優が名詞を発音したテープを操作する。テープには、流暢に発音した名詞と、同じ名詞を不明瞭に発音したものを1000個ずつ録音してある。

　実験は次の4つの段階に分けられる。第1段階では、大学生がどのような合図を出そうとも、流暢な発音と不明瞭な発音とをランダムな順序で聞かせる。第2段階では、第1段階でこの大学生がインターフォンを通じて相手の発音を促す指示の中から特定の1つを選び出し、この指示を使った時だけ、流暢な発音を聞かせる。それ以外の指示の時は、不明瞭な方を聞かせる。つまり、ある特定の指示を、流暢な発音を好子として強化できるかどうか検討するのである。第3段階では、逆に、第2段階で強化された指示を発したら不明瞭な発音を聞かせ、それ以外の指示に対しては、流暢な発音と不明瞭な発音とを半分ずつ聞かせる。第

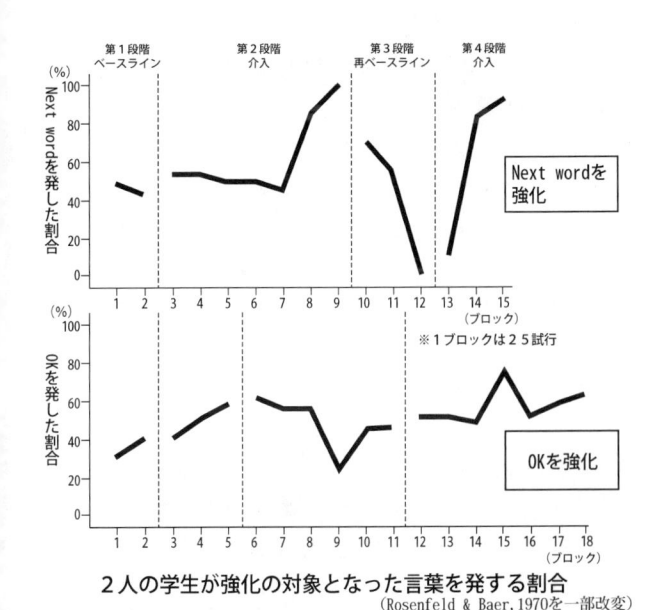

2人の学生が強化の対象となった言葉を発する割合
(Rosenfeld & Baer, 1970を一部改変)

4段階は第2段階と同じである。

　一方の大学生は「Next word」、もう1人は「OK」という指示が強化の対象となった。図は、インターフォンに向かって出した指示のうち、強化の対象となった指示を出した割合をパーセントで示している。どちらの大学生も、この指示が強化された第2段階と第4段階でその割合は上昇し、第3段階では減少しているのがわかる。とくに「Next word」を強化された学生は、第2、第4段階の最後の方では、ほぼ100パーセントこの指示ばかりを繰り返

すことが見てとれる。

実験室の中の大人の行動に対しても、明瞭な発音を好子とする好子出現の強化が機能したが、話はそれで終わるわけではない。この実験の重要な点は、自分が発する言葉がこのように簡単に変わってしまうことに、当の本人はまったく気づいていないことにある。十分に分別のある大人でも、たとえ自分にはまったくその意識がなくても、自分の行動は変わるのである。われわれは日頃、自分のことは自分がいちばんよくわかっていると思っているが、必ずしもそうではないらしい。

嘘は強化できる

もう少し手の込んだ実験が、私がかつて所属していた研究室で行われた。被験者は大学生4名。男子3名、女子1名である。実験室の机の上には、コンピューターのディスプレイとキーボードがある。実験が始まると、ディスプレイ上には、1回に1つずつ1桁×2桁の掛け算の計算式（例：6×23＝）が提示され、被験者は暗算でこれを計算し、答えをキーボードで入力し、リターンキーを押す。答えが合っていれば新しい問題が表示されるので、また同じことを繰り返す。答えが間違っている時は、「ピー」という音がして、もう1度同じ問題が表示されるので、再度計算をやり直す仕組みである。

被験者は、これは一定時間内の暗算能力を調べる実験だと説明され、10分間のうちになるべくたくさん問題を解く

ように指示される。そして、1セッションが終わったら、何問計算したかを報告してもらう。これは、計算式の前に通し番号がつけられているので、いちいち何問解いたか数えていなくても、10分経ってセッション終了の合図があった時に、最後の問題番号を見てそれを報告すればよい。

　この実験の狙いは、10分間にできる暗算の数を調べることではなく、終了時に報告する数が、そのあとに与えられる報酬によって変化するかどうかにあった。実験は複数の段階に分かれており、第1段階では、解答数や報告数にかかわらず、その場でお礼として100円渡す。第2段階では、あらかじめ決めた計算式に従って、お礼の額を実際の解答数と報告した数に差があればあるほど増やす。つまり、嘘をついて、実際に暗算した数よりも多い数を報告する方がもらえる金額は多くなる。もちろん、あからさまにすると実験の意図がすぐにわかってしまうので、被験者に対しては、お礼の額は解答数に応じて変わること、ただし、ほかの被験者との相対評価で決定するので、必ずしも同じ数を解答しても、同じ金額がもらえるとは限らないと説明しておく。第2段階でサバをよんで嘘の報告をするようになった被験者に対しては第3段階を行い、ここでは、実際の解答数と報告数とが一致した正直な報告に対して高い報酬を与えた。なお、もちろん実験者は、実験の期間中は離れた別室でずっと被験者の行動をモニターしており、被験者が実際には何問解答したかわかっているのはいうまでもない。

　さて、結果である。実験はおよそ40セッションにわたっ

て行われたが、被験者4名のうち3名の男子学生は、第2段階に入ると実際の解答数よりも多い数を報告し、多額の現金を受け取ったのである。とくに被験者の1人は、56問しか解答していないにもかかわらず157問解いたと答えたこともあった。ただし、この3名は第2段階でいつも嘘の報告をしていたわけではなく、何セッションかに1回嘘をつくという行動を見せていた。

この実験は、1989年にアントニオ・リベイロが幼児を使って行った実験に着想を得て行ったものだが、幼児ならともかく大学生がこの程度の嘘をつくとはとても思えず、やってみるまでは半信半疑であった。しかし、おどろいたことに結果は前述のようになったのである。

随伴性を操作して被験者が嘘をつくことを強化したこの実験は、今では実施すること自体、倫理的に見て問題があるかもしれない。嘘の報告をするようになった3名の被験者に対し、第3段階で正直な報告を強化するよう随伴性を変えたのは、この倫理的側面を考慮したためである。

以上2つの実験は、指示を出したり解答数を報告したりという、言葉を従属変数として強化の有効性を確認したものである。人間においても、ハトのキーつつきやネズミのレバー押しのようなもっと単純な行動と同様に、やはり強化随伴性の影響を受けることはいうまでもない。

私は大学2年生の時に、のちに述べる強化スケジュールの実験の被験者として、人間用スキナー箱ともいうべき電話ボックスのような実験室に2時間ほど閉じ込められ、ネ

ズミ同様、机の上にあるレバーをひたすら押しつづけた経験がある。この時の好子は、卓上に置かれたカウンターの得点であった。ある押し方でレバーを押せば得点が増える仕組みであり、得点に応じて実験終了後に謝礼金が支払われるという言葉につられて実験に参加したのだが、いまだに謝礼はいただいていない。

強化スケジュール

このように、人間でも、行動直後の強化随伴性が行動を変化させることを実証できた。しかし、すべての随伴性に関して、動物と人間とが同じ行動傾向を示すわけではない。その代表例が「強化スケジュール」の研究に見られる行動である。日常用語で使うスケジュールという言葉は、何月何日の何時にどのようなイベントがあるかという予定のことを意味する。強化スケジュールとは、主として好子出現の強化の際に、いつどのようなタイミングで好子が出現するかという予定のことである。

これまで、行動が強化される場合は、行動の直後にあたかも毎回好子が出現するかのように述べてきたが、日常生活の出来事を考えればすぐわかるように、とくに他者から好子が与えられる場合は、1回1回の行動がすべて強化されることはまれである。「おはよう」と挨拶しても、相手に聞こえなかったり、相手があなたに気づかなければ、応えは返ってこない。電話をかけても話し中であったり、電波の届かないところに相手がいたとすれば、相手と話がで

きるという好子は出現しない。

　先述したが、このように何回かに1回の行動しか強化されないことを部分強化といい（行動が部分的に強化される）、毎回必ず強化されることを連続強化という。まったく強化されないのは消去である。強化のスケジュールには、消去から連続強化に至るまで、無数のバリエーションが考えられる。もちろん、部分強化であっても行動は強化される。つまり、行動は繰り返され、維持される。「おはよう」と挨拶して、たとえ相手から返事がなかったとしても、自分から挨拶するのをすぐにやめてしまうということはない。むしろ、すでに安定してとられる行動に対しては、連続強化されるより部分強化の方が、行動がより継続的になる傾向が強い。

消去抵抗

　消去に関しては興味深い現象が2つある。1つは、「**消去抵抗**」といわれるものだ。ハトのキーつつきをある時点まで連続強化し、その後消去したとする。つまり、ある時点まではキーをつつくたびにエサを与えるが、ある時点からはいくらキーをつついたとしても、いっさいエサを与えない。エサが出なくなったからといって、ハトはすぐにキーをつつくことをやめるわけではなく、ある程度の時間と回数、キーをつつきつづける。

　これは部分強化ののちに消去した場合も同じである。消去しているにもかかわらず、行動をなおつづけているとい

うことをもって、消去抵抗と呼んでいる。連続強化と部分強化とでは、この消去抵抗の程度が違う。ある期間、部分強化されていた場合の方が、連続強化されていた場合より抵抗が強いのである。つまり、エサはもう出てこないにもかかわらず、なかなかキーつつきをやめない。このことは人間の子供を使った実験でも確かめられている。

一見すると逆のような気もするが、日常生活を振り返ると思い当たることは多い。デートの誘いがあると必ず応じていたところが、そのうちその気も失せて、誘いにいっさい乗らなくなったとする。連続強化から消去への変化だ。一方、誘われても乗ったり乗らなかったりしているうちに、その気も失せて、誘いにいっさい応じなくなる。部分強化から消去への変化だ。誘うのをあきらめるのは、どちらの方が早いだろう。教室で質問すると、学生は意味ありげに笑う。思い当たるふしがあるのだろう。もちろん、前者である。

くだらないジョークを連発する友人がいる。ばからしいと思いつつ、時々は付き合いで笑ってあげる。部分強化だ。しかし、あまりのしつこさに、もういっさい無視を決め込む。消去だ。しかし、部分強化で強化されていたジョークを言う行動は簡単には収まらない。

バースト

もう１つの現象は、「バースト」と呼ばれるものである。ハトのキーつつきを消去するために、ある時点からいくら

キーをつついてもエサは出さないようにすると、消去抵抗はあるものの、いずれはキーつつきをやめる。しかし、エサを出すのをやめた直後は、かえってキーをつつくスピードが速くなったり、つつく強さが強くなったりする現象が見られる。消去直後にこのように行動が一時的にエスカレートする現象は、バーストと呼ばれている。バーストとは破裂とか爆発とかいう意味であるが、まさに爆発するかのごとく行動の強度やスピードがエスカレートする。

この現象も日常生活で思い当たることが多いだろう。自動販売機でジュースを買おうとコインを入れてボタンを押しても、機械の故障などでめざす品物が出てこない場合（消去である）、素直に立ち去る人はめったにいない。もう1度ボタンを押す、もっと強く押す、手で叩く、最後には足で蹴飛ばすというように、行動はエスカレートする。

部分強化

さて今度は、「**部分強化**」だ。行動が100パーセント強化される連続強化と、まったく強化されない消去の中間部分は、すべて部分強化である。問題は、無数にある部分強化がどのように違うのかという点である。

一言でいえば「部分強化のされ方によって、行動のパターンが変わる」ということである。そして、多くの場合、この行動パターンは動物でも人間でも同じである。しかし、たった1つ、違うものがある。それは「スキャロップ」と呼ばれる行動パターンで、直近の好子の出現からあらかじ

め設定された一定時間が経ったあとの、最初の行動が強化される定時隔強化スケジュールの中であらわれる。

動物の場合は、スキナー箱の中でレバーを押したり、キーをつつくことに対してエサが与えられる。設定時間を1分とすると、エサの提示から1分経過したあとの最初のレバー押しやキーつつきの直後にエサが与えられる。1分が経たないうちにいくらキーをつついても無効である。人間の場合は、実験室の中で机の上に置いたジョイスティックのようなレバーを引く行動に対して、カウンターに得点が加算され、この得点は最終的にはお金などと交換される。金額は得点の多寡に応じて変わる。

このスケジュールで行動を強化すると、動物の場合はスキャロップと呼ばれる典型的な行動パターンが出現する。スキャロップとは、好子が与えられた直後はしばらく何もせず、時間が経つにつれて行動を開始し、次第に加速度的にそのペースを速め、設定時間がくる頃にペースは最大となり、好子を得るというものである。スキャロップとは帆立貝を示す英単語であるが、それはこの行動パターンをグラフに示すと、帆立貝のフチのような波形の曲線になるからである。

ところが、人間相手に定時隔スケジュールの実験をすると、このようなスキャロップの行動パターンを示す人はめったにいない。私は大学2年生の時に、強化スケジュールの実験の被験者になったことがある。5時限目の授業が6時に終わってからの2時間、数日おきに10回にわたって実

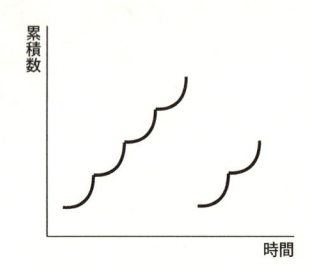

(グラフ: 縦軸「累積数」、横軸「時間」、スキャロップ型の曲線)

スキャロップ型行動パターン

験室の中に閉じ込められ、さまざまな強化スケジュールのもとで、ひたすらレバーを押し、カウンターの得点をあげるよう努力をさせられた。その中に定時隔スケジュールもあったが、私は、得点があがったらしばらく休むなどという軟弱なことはせず、ただひたすらレバーを力の限り押しつづけた。定時隔スケジュールにもかかわらず、一定のハイスピードで行動を繰り返すという私の行動は、人間に特有の典型的行動パターンの1つである。ただし、このハイスピードで行動する以外に、もう1つのパターンが人間には見られる。それは、次に好子が与えられる時間になるまではほとんど何もせず、時間の寸前に数回の行動をする非常に省エネ型の行動パターンである。

定時隔スケジュールでは、なぜ人間と人間以外の動物の行動パターンが異なるかの説明に関しては、実験状況があまりに違うという指摘もあったが、「言語の関与」(第5章で詳述) が示唆された。ハトやネズミの場合は、行動は好

子であるエサの出現という随伴性だけによって、いわば試行錯誤的になされるのに対し、人間の場合は、当然のことながら、何も知らされずに実験室に閉じ込められるわけではない。実験に先立って、実験者からあらかじめいろいろと説明を受ける。またそれだけではなく、実験中に被験者は、どのようにすればカウンターの得点を増やせるだろうかといろいろと考える。この言葉による説明や、被験者が実験中に考える（考えるという行為は言語によって行われる）ことが、人間と動物の行動パターンの違いを生み出すというのである。

　それでは、行動パターンの違いを生み出す原因は言語であることをどのようにして実証できるだろうか。ベンタールらは、言語の有無が行動パターンの違いを生み出すのならば、たとえ人間であっても、まだ言葉が話せない小さな子供は、動物と同じ行動パターンを示すのではないかと考えた。生後6ヶ月の赤ん坊から9歳の子供まで、4段階の年齢の子供たちを相手に同じような実験を行った。その結果、赤ん坊は動物と同じスキャロップ型の行動パターンを示すのに対し、7歳以上の学齢期の子供は大人と同じパターンを示した。その中間の年齢の子供たちには、スキャロップ型のパターンと大人型のパターンの両方が見られたのである。

なぜ実験か？

　スキナーが求めた心理学は、行動の原因を明らかにすること、そして行動を制御することである。この時、原因と

結果の因果関係は、原因を独立変数、それによって生じる行動を従属変数とする関数関係で記述されねばならない。この関係は実験を通してしか導くことはできない。

　子供の頃に虐待を受けた人が親になると、自分も自身の子供を虐待するようになることがあたかも事実のように伝えられる。しかし、そこで述べられていることは、虐待を受けた子供と受けなかった子供を複数選び出し、成人したのち、虐待を行った人の数を比較しているだけである。両者の関係は相関関係にすぎず、関数関係として記述される因果関係ではない。もちろん、この相関的な事実から、子供の頃に虐待を経験した成人が、そうでない人より自身の子供に虐待を行う可能性が高いという予測は可能だ。しかし、それでも子供の頃に受けた虐待が、大人になってから行う虐待の原因とはいい切れない。

　両者に関数関係があることを実証するには、上記のような観察や調査では不十分である。倫理的には許されないことであるが、健康に生まれた子供を無作為に2つのグループに分け、片方のグループの子供には親が虐待し、もう片方のグループでは親は絶対に虐待しないという人為的な操作を行って、すべての子供が長じてのち、虐待に走るか否かを観察測定してはじめて、両者の因果関係が証明される。この人為的に操作を行うことが実験と呼ばれる。

偶然を排除するには
　心理学者に限らず、人の"心"に興味をもつ人々の関心

は、1人1人の特定個人の"心"に向けられるのが常である。もちろん、「日本人」などという集団の行動傾向が話題になる場合もあるが、自分の恋人、友だち、上司、ある重大事件の犯罪者といった特定個人の"心"がどうなっているのか、その人々がなぜその時その行動をとったのかを知りたいと思うものである。

事実、心理学の歴史を振り返ってみれば、近代心理学の黎明期の著名な研究は、一個人を被験者として行われ、そこで得られた事実が普遍化し、一般化された例は少なくない。今から100年以上前に、記憶現象を実験的に研究したドイツの心理学者ヘルマン・エビングハウスの有名な忘却曲線（記憶の保持が経過時間の関数であることを示したデータ）は、エビングハウス自身が実験者かつ被験者となって得たものである。またエビングハウスに影響を与えた、ドイツの生理学者にして哲学者であり、精神世界と物質世界の関係を明らかにすることをめざし、精神物理学を打ち立てたグスタフ・T・フェヒナーの一連の研究は、常に1人の被験者について繰り返し反応の測定を行っている。フェヒナーの弟子に当たるヴィルヘルム・M・ヴントが、1879年にライプツィヒ大学に心理学実験室を創設したことをもって近代心理学の成立とするが、ヴントもまたフェヒナーの方法論を継承した。そしてまた、有名なパブロフの条件反射の研究もまた、1匹の犬で現象を把握している（そのうえで他個体で実験を反復し、事実を確定している）。

しかし一方で、特定個人を対象として研究を行い、何ら

かの結果が得られたとしても、それは"たまたま偶然に"そのようになったのだとの解釈も成り立つ。人には個人差というものがあり、ある人に作用する要因が、まったく同じようにほかの人に作用するとは限らない。また、被験者の個人差の問題に目をつぶったとしても、実験には予期えない偶然が関与しがちで、たった1回実験したからといって、それで結論を導くのは危険だと誰もが思うだろう。とくに人を相手にする研究では、実験者の被験者への接し方や両者の相性などが実験結果に影響しないとはいえないし、同じ被験者であっても、体調その他が結果に影響することもあるかもしれない。

　実験結果に影響を及ぼすこのような予期しない要因を排除して、本当の原因を見いだすために、心理学の世界でも一個人を対象にするのではなく、集団（グループ）比較研究が行われるようになった。

　これは、1930年代のロナルド・A・フィッシャーの業績になる数理統計学のおかげである。複数の人を集めてグループを作り、その平均値をとれば、たまたま起こった偶然の予期しない要因も相殺されるから、1人を対象にした研究では保証しえない結果の普遍性が得られると考えたのである。

　行動の原因を明らかにするためには、因果関係を明らかにする必要があり、そのためには実験をする必要があることはすでに述べた。何が行動の本当の原因かを突きとめるために、複数の人を集めたグループを2つ用意する。

一方には何もせずに（統制群という）、他方には原因と思われる要因を実施する（実験群という）。そして、両グループの結果を比較し、差があれば、行動の原因は特定されると考える。

たとえば、子供がよく勉強するようになる（「学習意欲が増す」というような医学モデルはあえて使わない）かどうかは、教え方にかかっていると考えたとする。その場合、一方のグループに対しては、これまで通りの教え方をする。他方のグループには、効果があると思われる新しい教え方を使う。

そして、両グループの子供たちの自発的な学習時間や学習成績を比較し、新しい教え方のグループの方が時間も成績も良好であれば、やはり教え方によって、子供の行動は変わるのだという結論が得られる。同じグループの中にも、いろいろな子供がおり、家庭環境やこれまでの学習履歴も異なるから、教え方に対する子供の反応も千差万別かもしれない。しかし、それはどちらのグループの子供にもいえることだから、グループのうちで結果を平均すれば、そうした予期しない要因は排除できると考えるのである。

このグループ比較実験は、心理学の基礎研究では、因果関係を突きとめるためのもっとも強力な方法論として使われている。私が学生だった頃、日本全国で心理学の講座（心理学科や心理学専攻）をもっている大学は約30あるといわれていたが、おそらくそのほとんどすべての大学では、心理統計と呼ばれる科目が必修科目として課されていたは

ずである(現在では日本の大学も事情がだいぶ変わったようであるが、少なくとも大学学部において心理学の基礎研究を重視する傾向は、今なお変わっていない)。統計学の専門家以外でも、心理学者と教育学者(何しろ知能検査を扱う)は統計学の訓練を受けているのである。

グループ比較研究は、基礎研究の領域で重視されるだけではなく、実際にクライアントの治療を目的とする臨床の領域にあっても、1950年代頃までは、方法論の中心であった。当時の臨床家(臨床心理学者や精神医学者)たちは、科学性を重視する実験心理学の教育を受けていたからである。その風潮は、たった1人の被験者で研究結果の妥当性を実証する行動分析家の研究は、ほかの心理学者からは相手にされず、論文を投稿しても採択されないので、その結果、独自の学術誌『Journal of the Experimental Analysis of Behavior 実験的行動分析誌』が創刊された、という逸話からも見てとれる。

しかし、臨床家にとって、グループ比較研究にはいくつかの問題があった。1つは倫理的な問題である。新しい治療法が開発され、それが本当に効果があるかどうか知りたい時に、一方のグループには新しい治療法を実施し、他方には何もしないで結果を比較するのは、効果の確定のためとはいえ、臨床家としては抵抗があるだろう。また、グループで比較を行うには、かなり大勢の被験者を集める必要がある。大学生や一般人を多数集めるのはそれほど難しいことではないが、同じ治療法を必要とする同じような症状

のクライアントは、そういるわけではない。そして何より、臨床家の関心は、目の前の特定のクライアントにある。

その結果、因果関係を厳密に定義しようとするグループ比較研究は行わず、用語の正確な定義もあいまいなままの、およそ科学性を欠く研究と、逆に、科学性を重視しようとグループ比較研究を極度に突き進める研究との乖離が生じるようになった。前者は科学的厳密さを重視する人々（主として基礎の研究者）からは敬遠され、後者は実験的にすぎて現実離れしており臨床的意味がない、と臨床家から批判された。心理学において、基礎と臨床は、方法論において大きな乖離があったのである。

単一被験体法という考え方

この対立の中で、今に至るまで、行動分析家は、因果関係を同定できる科学性と、臨床的にも意味のある方法とをあわせもつ研究法として、単一被験体法 single subject designs と呼ばれる実験計画法を一貫して用いてきた。グループ間の比較研究が初期の１事例の研究にとってかわったのは、一個人だけを対象にしたことにより、結果が予期しない要因に左右されることを避けるためである。単一被験体法とは、一個人を対象としても、予期しない要因を排除でき、因果関係が確認できると同時に、臨床的にも有効な方法である。第１章で述べたこたつに片手を入れる弟の実験もこの方法で行われた。

偶然が関与する予期しない要因を排除するには、測定を

繰り返す必要がある。何度も繰り返せば、ある時たまたま影響を与えた出来事でも、別の測定の機会では、もう無関係になっている可能性があるからである。ある治療法（行動分析学では治療とはいわずに介入という）の効果を確かめるために、まず介入前の状態を測定する。これをベースラインということはすでに述べた。そして、何日かつづけてベースラインを測定する。予期しない変数によって、日ごとに測定結果は異なるかもしれない。しかし、測定を繰り返し、日ごとの変動がそれほど目立たなくなったならば、いよいよ新しい介入法を実施して、被験者の行動が、ベースラインの時とどのように変わるかを観察する。もしも大きく変わったのならば、この介入方法は行動を変化させるのに効果があるといえる。ただし、1回の測定では偶然の産物であるかもしれないから、やはり何日かつづけて測定する。おそらく日ごとにいくらかの変動があるだろう。しかし、測定をつづけてもそれほど変動が大きくないようであれば、やはりこの介入法は効果があるといってよいかもしれない。

　しかし、この次が重要である。介入を行ったほぼ同時期に、体調の変化や環境の変化といった予期しない要因が起こり、行動が変わった可能性も考えられなくはない。だから、1度介入を行って行動が変化したからといって、この介入が行動を変化させた原因だとは軽々しくいえない。そこで、次の段階として、1度介入をやめ、ベースラインと同じ状態に戻してみる。ここでベースラインと同じ程度に

まで行動が変化すれば、この時はじめて、測定している行動と使った介入法との間に因果関係があるといってよい。一方、介入をやめても行動が変化しなければ、両者の間の因果関係は完全には同定できない。なぜなら、介入をやめても行動に変化は見られなかったわけだから、介入と行動との間に因果関係があるとはいいにくいのである。

したがって、ある介入が行動を変化させるかどうかを主張するには、まず、ベースラインを測定し、次に介入を行って行動の変化を確認し、つづけて介入をやめて行動が元の状態に戻るかどうかを確認すればよい。予期しない要因でたまたま行動が変化したのならば、介入をやめてもその状態が変わらない確率が高いからである。

しかし、これでは科学性は保てても、臨床的には意味がない。なぜなら、介入をやめて行動が元の状態に戻っては、治療にならないからである。そこで、最後の段階として、ふたたび介入を行う。そして、行動の変化が見られれば、行動とこの介入との因果関係の確率はますます高まり、また臨床目的も達せられるのである。

このように、ただ1人を対象に因果関係の同定という科学の目的を達しながら、同時に臨床目的も満足させる実験の方法は、反転法 reversal design または ABAB 法と呼ばれ、単一被験体法の中でもっとも強力な方法である。しかし、反転法にも実施上の問題点があり、これを克服するために、さらに多層ベースライン法 multiple-baseline designs、基準変化法 changing criterion design、条件交替

法 alternative treatment design などが開発されている。

節約の原理

　ある事象に対する説明の仕方が複数ある時、どれがもっとも優れた説明であるかを決める基準の1つに「節約の原理 parsimony」がある。ある事象を説明する際に、使われる概念が少なければ少ないほど、よい説明であるとするものである。つまり、概念をなるべく倹約するということから「節約の原理」と呼ばれる。数ある心理学の中で、行動分析学ほど「節約の原理」に徹しているものはない。

　すでに見てきたように、ある人の行動を説明しようとする時に、「あの人は学習意欲があるから、仕事のあと毎週欠かさず英会話スクールに通うのだ」とは言わない。そのかわりに、「あの人が英会話スクールに通う行動は強化されている」とか、「英会話スクールに通う行動には好子が随伴するのだ」という言い方をする（念のためにいっておくが、日常会話でも常にこのような言い方をするのではもちろんない）。まあたいていの人はどこが違うのだと思うか、くだらない、と思うだろう。

　では、両者の違いはどこにあるのか。本書を読み進めてこられた人はお気づきと思うが、「学習意欲」という概念をもち込むかどうかという点である。これをもち込むと、まず学習意欲とは何かを定義する必要が出てくる。もちろん、それは強化や好子でも同じであるが、強化や好子はほかの多くの事象を説明することができる。たとえば、他人

の悪口ばかり言う人に対し、「あの人の悪口は注目という好子で強化されている」と言うことができる。ところが、他人の悪口ばかり言う人を説明するのに「学習意欲」の概念は使えない。「あの人は競争心が強いから悪口ばかり言う」とか、「皮肉屋だから悪口ばかり言う」などと、「競争心」「皮肉屋」という新しい概念をもち出さなければならない。

「節約の原理」を忘れると、新しい現象を説明するたびに新しい概念を作る必要が出てくる。しかも、それらの多くは循環論で、説明になっていない。「多動性が強いから教室内で離席して動き回る」と言われると、もっともらしいと思う人も多いようだが、じっとしていられないで動き回ることを多動というのである。私は某所で、ふだんはほとんど話をする機会のない臨床心理家6名と数時間にわたって討論をすることになった時、「節約の原理」をおよそ無視したその用語の豊富さに仰天したものである。一方、行動分析学では、強化、弱化、好子、嫌子、消去、復帰、強化スケジュールなどの、ごく限られた概念で人間を含む動物の行動全般を説明しようとする。意志や欲求、自尊心など、概念の大盤振る舞いを徹底的に避ける。

　だからこそ、動物実験で得られた事実への確証を系統的再現によって深めながら、人間行動を説明できるのである。

第5章　言語行動

人間の特徴は、言語の使用である

これまでの章で述べてきた行動の原理は、人間はもちろん、人間以外の動物にもあてはまる動物一般の行動法則と考えてよい。B・F・スキナーが行動の法則を最初に考えた時には、ネズミ、そしてデンショバトを使って実験をしたのだから、それも当然といえば当然である（オペラント行動の法則とは直接関係ないが、スキナーはアリを使った実験もしている）。しかし、それでも人間と動物とを同じに見ることには抵抗があるという人もいるだろう。実際、行動分析学に対する大きな批判の1つは、動物実験で得られた法則を人間にあてはめるのはナンセンスだというものである。ナンセンスだと決めつけるのは科学的態度ではないので、ここで考えねばならないのは、それでは人間とそれ以外の動物とでは、何が違うのかという点である。

ほかの動物と違う、人間を人間たらしめている際立った特徴として、かねて直立二足歩行、言語の使用、道具の使用の3つが指摘されてきた。この3つはまったく相互に無関係なように見えるが、実はそうではなく、相互に密接な関係がある。また、近年ではとくに霊長類による道具使用の研究が盛んであるが、ここではそのことにはこれ以上立ち入らない。

この3つの中で、とりわけ人間に特徴的といわれているのは言語の使用である。われわれ人間は、健常の発達を遂げていれば、誰でも母語と呼ばれる最低1つの言語を何の

苦もなく習得し、使うことができる。そして、それを人間同士のコミュニケーションに用いている。言葉でコミュニケートすることを人間がどれほど重視しているかに気づくには、昨今の携帯電話の普及を考えるまでもない。

われわれは他者とのコミュニケーションに言葉を使うだけではない。周りに誰もいなくとも独り言を言うのは幼児だけではない。1人で車の運転をしながら、「ここを左折だな」などと言うのは、私ばかりではあるまい。ペットに話しかける人も少なくない。それもオウムや九官鳥のような音声を発する動物に対してだけではなく、イヌやネコに話しかける人々を探すのに苦労はしない。アルコールの勢いを借りてまで、外国語を話そうとさえする人もいるくらいだ。

人間だけがなぜ言語を獲得できたのかという問いは、言語学より、心理学、生物学、神経科学の領域で関心を寄せられてきた。これ自体、非常に魅力的な問いではあるが、ここではそれに立ち入らず、この人間特有の言語というものを、行動分析学ではどのように考えているかを見ていこう。

スキナーの『言語行動』

1957年にスキナー自身が『Verbal Behavior 言語行動』という著書を出版したが、これが今日なお、行動分析学の枠組みで言語の問題を考える際の源となっている。1957年の著作とはいえ、1945年頃までにはここに書かれたアイデ

ィアの大半は完成し、1947年にはコロンビア大学の夏学期のコースで講義されたという。スキナーは、これにさらに手を加えたものを、自身の本務校であるハーバード大学のウィリアム・ジェームス記念講座で講演し、これが謄写版印刷として研究者間に広まった。

したがって、1957年の出版以前に、言語行動に対するアイディアの中核は、一部の人々には知られていたのである（なお、コロンビア大学では、スキナーの年長の僚友であったフレッド・ケラーが教鞭をとっていた。スキナーがいなければ行動分析学は生まれなかったであろうが、ケラーがいなければ行動分析学はこれほど早くは普及しなかったであろうといわれる人物である。また、ウィリアム・ジェームスはもちろん高名な心理学者である）。

これまで見てきたように、行動分析学は実験室内での基礎研究（実験的行動分析）と、実際の社会での応用実践研究（応用行動分析）との連携のうえに構築された行動の実験科学である。したがって、根本的には観察、記録、測定された実証的データのうえに成立するものである。しかし、少なくとも1957年の時点では、言語の問題に関してはまだ実証的研究は始まっておらず、『言語行動』は、それまでの行動分析学における知見に基づいて、言語の問題を思弁的に分析した理論的行動分析の集大成であった。そして今でも、私たち後継の行動分析家にとっては、そこから実証研究を考案するアイディアの宝庫である。

言語は行動である

それではスキナーは、言語の問題をどのようにとらえたのであろうか。

まず、注目すべきことは、本のタイトルが示すように、言語 language とはいわずに、言語行動 verbal behavior とした点である。言語とは何かという問いに対しては、研究者によって多くの答えが存在する。現代の言語学の巨頭ノーム・チョムスキーによれば、「言語とは"思考"や"情動"を互いに伝達 communicate しあう1つの方法であると思われる」(『Language and Thought 言語と思考』)となる。成美堂で刊行している『現代言語学辞典』でも、「人間が意志の伝達（COMMUNICATION）その他の目的で相互に用いる音声による記号（SIGN）の体系（SYSTEM）一般、または、特定の言語社会（SPEECH COMMUNITY）において通用するそのような体系の一つ」と書かれている。

いずれにしても、おおかたの言語学者にとっては、「言語とは音の連なりを意味に結びつけるための規則の一体系」であり、そこでは、「意味」「伝達（コミュニケーション）」がキーワードになっている。つまり、言語というものを、何か人間を離れて存在する「もの」のように考えていることが見てとれる。

だからこそ、「言語を"用いる"」とか「言語を"使う"」という表現が可能になるのである（もちろん日常用語とし

ては、私自身もこのような表現を使うことがある)。

　一方、スキナーは言語を人間を離れて存在する"もの"のような対象とは考えず、言語行動という形で、行動の枠組みでとらえることを主張した。行動の枠組みでとらえるとは、言語もまた、これまで見てきたような「歩く」とか「食べる」などのような言語以外の行動と同じ枠組みで分析することである。つまりは言語もまた、非言語行動と同じように「行動随伴性によって分析できる対象」と考えたのである。だからこそ、言語とはいわずに言語行動といったのである。

　人間の言語行為を行動随伴性で分析するというのは、言語もまた環境（状況の変化）によって規定されるといっているのにほかならない。それでは、言語が環境によってどのように記述できるのか、個々の例を考えながら見ていこう。

言語はなぜ行動なのか

　これまで見てきたように、行動分析学にとって行動を分析する枠組みは、行動随伴性である。言語行動もまた随伴性によって記述されるが、しかし、ほかの行動よりはいくらか複雑な形式をとる。なぜなら、誰でもわかるように、言語行為は通常相手（聞き手）を必要とするからである。したがって、言語行為を分析する時には、話し手の行動だけでなく、聞き手の行動もあわせて分析する必要がある。

　スキナー自身による説明は、言語行動を「言語共同体の他の成員のオペラント行動を介した強化によって形成、維

持されているオペラント行動で、強化をもたらすオペラント行動は、その言語共同体特有の行動随伴性のもとで習得されたものである」(『Verbal Behavior』) とする長いものである。

ここで重要なのは、話し手の言語行為を強化するのは他者(聞き手)であるということ、他者が話し手の言語行為を強化できるには、話し手と聞き手が共通の言語共同体に属していなければならない、の2点である。

まず、言語行為は他者によって強化されるというからには、言語行為以外の行動は他者以外からも強化されているということである。たとえば、今私は、本書執筆のために愛用のパワーブックのキーボードを叩いている。キーボードを叩くという行動を強化する好子はいうまでもなく、対応する文字がディスプレイ上にあらわれることであろう。

直 前	行 動	直 後
「言語」と表示されない	gengo+スペースキーを叩く	「言語」と表示される

この時、「言語」という文字をディスプレイに表示するのは、コンピューターであって人間ではない。手元が暗くなって、机上の電気スタンドのスイッチを入れる行為も同じである。

手元が明るくなったのは、回路が通じて電流が流れたためという、きわめて物理的な現象であり、そこには人間が介在する余地はない。

第5章 言語行動

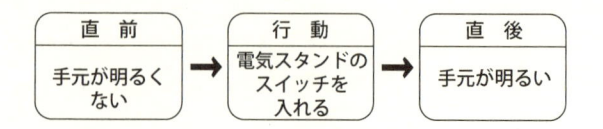

直前	→	行動	→	直後
手元が明るくない		電気スタンドのスイッチを入れる		手元が明るい

　しかし、次のような例では、好子出現に他者が介在している。私はどの授業でも、パワーポイントかOHPを使う。したがって部屋の電気を一部消す必要があるのだが、スイッチはたいてい壁際の、私から離れた位置にある。この時、スイッチのそばに学生がいれば、「電気消してください」と頼むことになる。この「電気消してください」というのは、いうまでもなく言語行動であるが、これも随伴性は次のようになる。

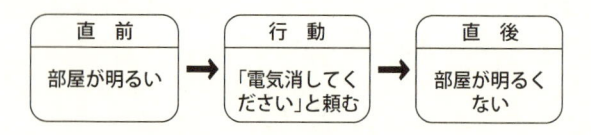

直前	→	行動	→	直後
部屋が明るい		「電気消してください」と頼む		部屋が明るくない

　この時、部屋が暗くなるのは、スイッチを切ることで回路が閉じて電流が流れなくなったという物理的な現象であるが、私の依頼に応じてスイッチを切ってくれたのは学生である。したがって、私の依頼という言語行動を強化したのは、聞き手である学生なのだといえる。もし、私が頼んでも学生が無視して座ったままであったならば、今後私が「電気消してください」と頼む確率は低くなるだろう。次回からは、別の学生に頼んだり、頼まずに自分で消しに行く可能性が出てくる。その意味で、学生（聞き手）の行動

が私の行動を左右する。

書誌学者にして優れた文筆家である林望は、『イギリスはおいしい』の中で、イギリスに留学した学生がはじめに覚える言葉は「Could you pass me the salt, please?」であると揶揄している。この言語行動もまた、他者によって強化されることはいうまでもない。

直　前	→	行　動	→	直　後
塩が手元にない		「Could you pass me the salt, Please?」と頼む		塩が手元にある

塩が手に入るのは、聞き手が塩を取って渡してくれたからである。したがって、聞き手が塩を取ってくれることで、「Could you pass me the salt, please?」という言語行為が強化される。これが、言語行動は他者の行動を介して強化されるという意味である。

言語共同体とは何か

聞き手が話し手の言語行動を強化できるには、両者が同じ言語共同体に属していなければならないとはどういうことだろうか。先の例で、学生が私の求めに応じて電気を消してくれたのは、とりもなおさず、私が言った「電気消してください」という日本語が理解できたからである（ここで私が「理解」という語を使うのは、単なる日常用語としてである）。

この学生と私が同じ言語共同体に属しているというのは、

そういう意味である。誰かが「でんきけしてください」という音声を発した時に、それを聞いた人がスイッチを切るという行動をとる。それによって、「でんきけしてください」という言語行動が強化される。つまり、同じようにOA機器を使う時に、また誰かに「でんきけしてください」と言うようになる（ところで、学会発表の際に強く感じることであるが、米国ではこの種の言語行動が多発されるのに対し、日本ではきわめて少ない。このような場合に未知の人にものを頼むことが強化されやすい社会と、そうでない社会の違いなのだろう）。

　この例で見ると、言語共同体とは、たとえば日本語を話し理解する人々の集団ととらえがちだが、そうではない。たとえば、私は電車の中で高校生同士が話している会話など、ほとんど理解できないことも少なくない。そうであるとすれば、たとえ彼らが日本語で話したとしても、その高校生たちと私とは、同じ言語共同体に属していない可能性もある。名古屋弁を話す人々の集団を1つの言語共同体と見ることもできる。

　一方、私は英語のネイティブではないし、バイリンガルでもないが、話し手の英語に適切に反応し、強化できるのならば、われわれは同じ言語共同体の成員といえる。もっとも、以前、ニュージーランドからの訪問研究者に「マインガイトで会おう」と言われた時には面食らった。しかし、有名な"Today is fine"のニュージーランド式発音に関する知識を有していたから、私は無事にメインゲイト（正

門）で彼に落ち合うことができた。

いずれにしても、話し手の言語行動を聞き手が強化する方法は、両者が属する言語共同体の固有の随伴性によってしか習得できない。

話し手と聞き手の随伴性

言語行動が、基本的には聞き手と話し手という複数の人間によって行われる営みであることはすでに説明した。この営みを記述するために、スキナー自身は次のような複雑なダイアグラムを考案している。先のイギリスへの留学生を例に取りながら見てみよう。

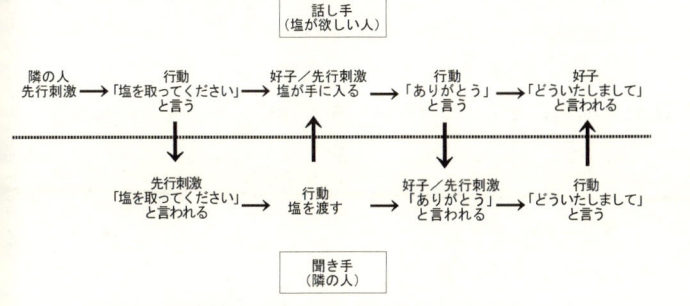

話し手
（塩が欲しい人）

隣の人 先行刺激 → 行動「塩を取ってください」と言う → 好子/先行刺激 塩が手に入る → 行動「ありがとう」と言う → 好子「どういたしまして」と言われる

先行刺激「塩を取ってください」と言われる → 行動 塩を渡す → 好子/先行刺激「ありがとう」と言われる → 行動「どういたしまして」と言う

聞き手
（隣の人）

言語行動を随伴性により記録した例

まず、話し手にとって「塩がない」という状態がある。そして、自分の隣に人が座っており、なおかつその人の手元近くに塩があるという状態がある。この時、話し手（塩が欲しい人）にとっては、隣の人は先行刺激として機能す

る。

　話し手は聞き手に対して「塩を取ってください」と言う（行動）。「塩を取ってください」は、話し手にとっては行動であるが、それと同時に、聞き手にとっては刺激として作用する（先行刺激）。聞き手はこれを先行刺激として、塩を渡す（行動）。話し手にとっては、塩が手に入ることが好子となると同時に、お礼を言うための先行刺激となる（先行刺激）。話し手はこれを先行刺激として、「ありがとう」と言う（行動）。「ありがとう」は、聞き手にとっては、塩を渡した行動に対する好子となると同時に、「どういたしまして」と返事する（行動）ための先行刺激である（先行刺激）。そして、聞き手の言う「どういたしまして」は、話し手にとって、「ありがとう」と言ったことへの好子となる。

　話し手、聞き手のそれぞれの言語行動・非言語行動が入れ子構造になって、互いの行動を強化しているのがわかるだろう。

言語行動の種類

　言語を単なる言葉としてとらえるのではなく、このように話し手と聞き手の相互の営みとして、随伴性によってとらえた時、スキナーは言語を7種類に分類できると主張した。行動を互いに異なる7つに分類できるということは、それぞれが異なる行動随伴性から構成されているということを意味する。それでは次に、その7つとはどのようなものか見ていこう。

マンド

スキナーが言語行動の第1に取りあげたのは、以下のようなものである。たとえばお店で店員に向かって「ビール！」と注文する。「ビール！」とカッコつきで書いているのは、話し手が発した言葉だからである。そして、「ビール」自体は単なる言葉であるかもしれないが、客である話し手が聞き手である店員に向かって「ビール！」と言うことは、言語行動である。なぜ、この人は、「ビール！」と言うのだろうか？　ビールが飲みたいから、と答えてはいけない。欲求が行動の原因ではない。行動の原因を考える時は、行動の直後に起こる出来事は何なのかを考えることが基本である。これは、言葉がからんだ行動に関しても変わりはない。この人が「ビール！」と言うと次に何が起こるのか？

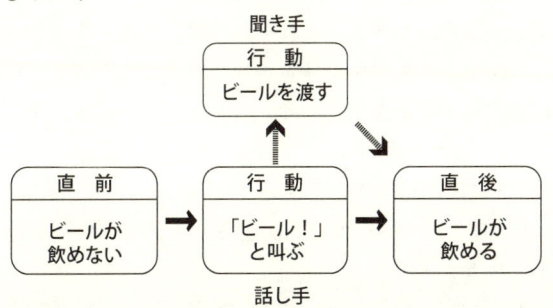

聞き手
行　動
ビールを渡す

話し手
直　前		行　動		直　後
ビールが飲めない	→	「ビール！」と叫ぶ	→	ビールが飲める

聞き手（ここでは店員）に向かって「ビール！」と叫ぶと、店員がビールを運んできてくれるから、客は「ビー

第5章　言語行動

ル！」と叫ぶのである。これこそが行動の説明である。そしてこの随伴性はといえば、好子出現の強化だ。好子はもちろんビールである。水やジュースが運ばれてきても、「ビール！」は強化されない。もちろん、お茶であってもだめである。お茶が好子となるのは、「おい、お茶！」という言語行動の場合である。

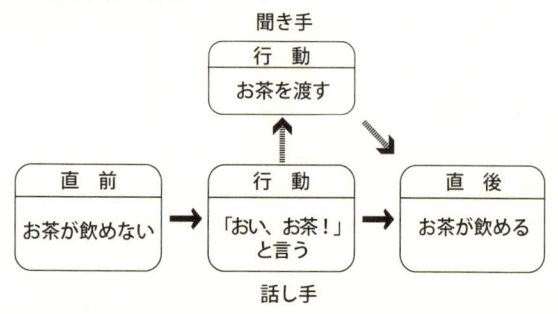

聞き手
| 行　動 |
| お茶を渡す |

| 直　前 | → | 行　動 | → | 直　後 |
| お茶が飲めない | | 「おい、お茶！」と言う | | お茶が飲める |

話し手

したがって、「ビール！」の場合はビール、「おい、お茶！」の場合はお茶と、それぞれ行動を強化する好子は、語られた言語行動の中で特定されている。このように「語られた内容が好子を規定しているような言語行動」を、スキナーは「マンド mand」と名づけた。マンドという語はスキナーによる造語であるが、命令 command、請求 demand、指令 mandatory などを意味する英単語から創造されたという。

マンドは、「ビール！」や「おい、お茶！」などのように、好子の出現によって強化されるだけとは限らない。うるさく騒ぐ子供に向かって、「静かにしなさい！」と叱る

160

のもマンドである。

「静かにしなさい！」と親や教師が叱る行動は、子供が静かになることで強化される。したがって、この場合も好子は行動の中に特定されている。

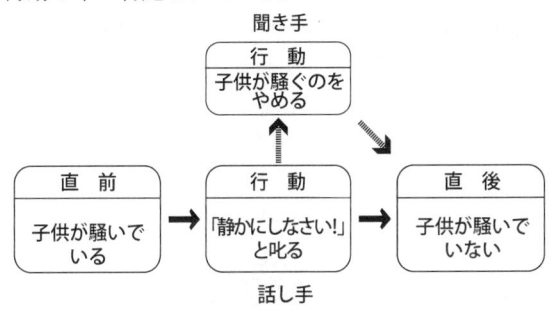

```
                    聞き手
                ┌──────────┐
                │  行　動  │
                │子供が騒ぐのを│
                │  やめる  │
                └──────────┘
                      ↑
┌────────┐    ┌──────────┐    ┌────────┐
│ 直　前 │    │  行　動  │    │ 直　後 │
│子供が騒いで│→│「静かにしなさい!」│→│子供が騒いで│
│  いる  │    │  と叱る  │    │ いない │
└────────┘    └──────────┘    └────────┘
                    話し手
```

「いや！」というのは反抗期の子供の常套句である。「いや！」という拒否と、要求や命令とではまるで正反対のようにも思えるが、随伴性という観点からはこれもマンドである。なぜなら、「いや！」という言語反応には、次のような機能があるからである。

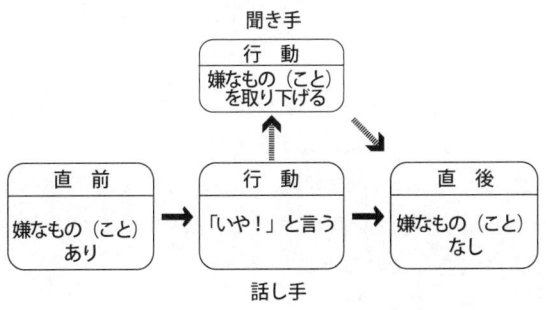

```
                    聞き手
                ┌──────────┐
                │  行　動  │
                │嫌なもの（こと）│
                │を取り下げる│
                └──────────┘
                      ↑
┌────────┐    ┌──────────┐    ┌────────┐
│ 直　前 │    │  行　動  │    │ 直　後 │
│嫌なもの（こと）│→│「いや!」と言う│→│嫌なもの（こと）│
│  あり  │    │          │    │  なし  │
└────────┘    └──────────┘    └────────┘
                    話し手
```

第5章　言語行動

「いや！」という拒否をすることによって、その時提示されていた嫌なものや、気に入らない指示が取りさげられることで、嫌子消失の強化を受けている。

マンドには、「ビール！」「おい、お茶！」のような要求、「静かにしなさい！」などの命令のほかに、祈願（「明日晴れますように！」など）、忠告（「……した方がいいよ」）がある。また、日常行われる質問もマンドの1種である。なぜなら、やはり好子が言語行動の中に特定されているからである。

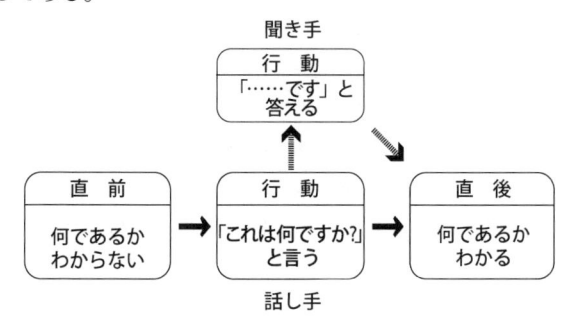

```
                    聞き手
                ┌─────────┐
                │  行 動   │
                │「……です」と│
                │  答える   │
                └─────────┘
                     ↑   ↘
┌─────────┐  ┌─────────┐  ┌─────────┐
│  直 前   │  │  行 動   │  │  直 後   │
│何であるか │→│「これは何ですか?」│→│何であるか │
│わからない │  │  と言う   │  │ わかる   │
└─────────┘  └─────────┘  └─────────┘
                    話し手
```

タクト

2番目の言語行動は、タクト tact と呼ばれる。喫茶店に入ったつもりなのに、ふと見ると、思いがけずビールの小瓶が並んでいる。この時、「あれ、ビールがある」と思わず言う。この行動の随伴性はどうなっているのだろうか。ダイアグラムで書いてみよう。

スキナー自身があげている例をもう1つ紹介しよう。電

ビールの小瓶を目にする

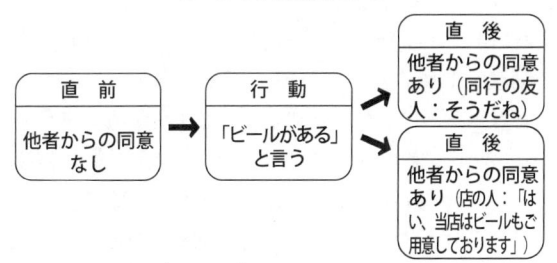

```
┌──────────┐     ┌──────────┐     ┌─────────────────┐
│  直 前    │     │  行 動    │ ──▶ │    直 後         │
│他者からの │ ──▶ │「ビールが │     │他者からの同意   │
│同意なし   │     │ある」と言う│     │あり(同行の友   │
└──────────┘     └──────────┘     │人:そうだね)    │
                      │           └─────────────────┘
                      │           ┌─────────────────┐
                      └────────▶  │    直 後         │
                                  │他者からの同意   │
                                  │あり(店の人:「は│
                                  │い、当店はビールも│
                                  │ご用意しております」)│
                                  └─────────────────┘
```

話が鳴って自分（話し手）が出たところ、「……さんをお願いします」と言われた時に、……さん（聞き手）に向かって、「……さん、電話ですよ」と教えてあげる。

これら 2 つの行動は明らかに、前述のマンドと違う。違うというのは、単に言った言葉が違うというだけのことではない。着目すべきは好子である。前述のマンドでは、好子が言語行動の中に特定されていたのに対し、これら 2 つの場合では、言語行動と好子の間に特定の関係はない。話し手が言った内容に対して同意が得られることや、お礼を

「……さんをお願いします」

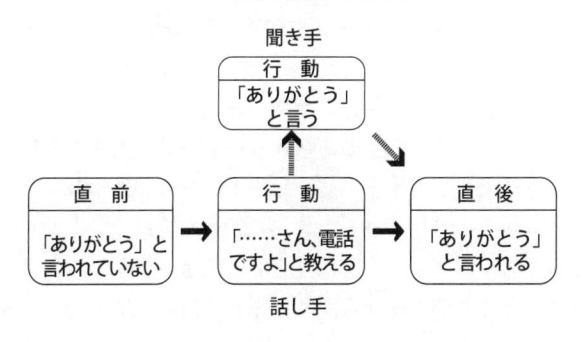

```
                聞き手
              ┌──────────┐
              │  行 動    │
              │「ありがとう」│
              │  と言う    │
              └──────────┘
                    ▲
                    ┊
┌──────────┐  ┌──────────┐  ┌──────────┐
│  直 前    │  │  行 動    │  │  直 後    │
│「ありがとう」│▶│「……さん、│▶│「ありがとう」│
│と言われて  │  │電話ですよ」│  │と言われる  │
│いない     │  │と教える   │  │          │
└──────────┘  └──────────┘  └──────────┘
                 話し手
```

言われることが好子となっている。

　また、タクトが発せられる時には、そこに外界の刺激が先行刺激として存在する。話し手が「あれ、ビールがある」と言ったのは、ビールの瓶を目にしたからこそであり、「……さん、電話ですよ」と伝えたのは、電話の相手が「……さんをお願いします」と言ったからである。一方、マンドの場合は、外界の刺激が存在するとは限らない。むしろ、純粋なマンドといわれるものは、外界の刺激なしに発せられるマンドである。目の前にビールがなくとも、「ビール！」と言う例は枚挙にいとまがない。

　タクトとは、外界にある物（ビールなど）や出来事（「……さんをお願いします」）にふれて、それについて記述や報告をする言語行動といえる。タクトという語もスキナーの造語であるが、コンタクト contact から創出されている。

　われわれは、言葉を習得しはじめた時から現在に至るまで、タクトの連発の中で暮らしている。小さな子供は、目にするものを指さしながら、「自動車」「新幹線」「ネコ」を繰り返す。大人とて、見聞きしたことを誰彼となく情報交換する。

　よく引き合いに出される話だが、人類学者のロビン・ダンバーがイギリス全土のあらゆる年齢階層の人々の会話を調べた結果でも、オックスフォード大学の心理学者ニコラス・エムラーがスコットランドで調べた結果でも、人々の会話の60～70パーセントは社交的な話題、すなわち、ゴシップである。個人的な人間関係や好き嫌い、個人的な経験

や他人の行為がえんえんと語られるのである。

それはすなわち、タクトにほかならない。タクトを連発するのは、聞き手によってタクトが強化されるからに違いないが、それではなぜ、聞き手がタクトを強化するのかも考えるべき問題である。

聞き手は話し手の言語行動を強化する？

マンドにせよ、タクトにせよ、言語行動というのは、聞き手である他者によって強化されるものである。マンドはマンドを聞いた人（聞き手）が強化する。「おい、お茶！」と言われれば、お茶を差し出し、「静かにしなさい！」と注意されると、聞き手は騒ぐのをやめる。「ビールがある」と言われれば、「そうだね」とあいづちを打つ。聞き手はなぜこのように、話し手の発話を強化するのだろうか。

言語行動は、聞き手の行動を介して強化されるのだとしたら、聞き手が話し手の発話を強化する行動が、何らかの形で強化されていなければならないはずだ（ややこしくてすみません）。

タクトの場合はわからなくもない。とくに、先にあげた電話の例のような場合は、納得できる。「電話ですよ」と教えられた時に、聞き手が「ありがとう」とお礼を言えば、この次も間違いなく電話を取り次いでくれるという期待や確率が高まることが好子になると推測できるからだ。

これが、話し手が取り次いでくれても、お礼を言わないのでは、腹を立てて、この次は取り次いでくれなくなるか

もしれないではないか。「ビールがある」と言われた時に、「そうだね」と返事をしておけば、この次に新しい発見をした時に、また教えてくれる可能性が高くなるだろう。

話し手のタクトを強化することは、聞き手にとって、次も新しい情報が入る可能性につながる。また、聞き手にとって、相手のタクトを聞くことは、それ自体、自分の経験しえない知識や情報の源泉であり、強化的であるといえる。

たとえば、「昨日、うちの大学のそばにベルギービールを飲ませる店を見つけたよ」というタクトは、聞き手にとって、それ自体、これまで知らなかった新しい情報である。ガイドブックを買うという投資や、街を歩いていて偶然発見するという僥倖に頼らなくとも、他者のタクトを聞くことで、コストをかけずに新しい情報という好子を得られるのである。

一方、マンドの方は、ことはそれほど簡単ではない。「静かにしなさい！」と言われて、騒ぐのをやめる場合は、そのあとにくる体罰を逃れることができるかもしれない。また、「ギネスビールは泡が完全に浮きあがるまで待ってから飲んだ方がよい」という忠告に聞き手が従うのは、よりおいしいギネスが飲めることで強化されるだろう。

しかし、「ビール！」という客の要求を店員が聞き入れるのは、商売だから当然としても、「おい、お茶！」や、「電気消してください」と言われて、スイッチのそばにいる聞き手が言われた通りにしてあげることの好子は、簡単にはわからない。スキナー自身も、マンドという言語行動

は、聞き手よりも話し手の方が受ける強化は大きいと述べている。何しろ、自分でお茶を淹れたり、歩いてスイッチを消しに行かなくても、発話という最小のエネルギーで望む好子を手に入れることができるのだから。

しかし、タクトを聞いてあげる聞き手の行動はもちろん、マンドを聞き入れてあげる聞き手の行動もまた、その言語共同体で強化されることによって習得された行動であることは、忘れてはならない。

イントラバーバル

第3の言語行動は、イントラバーバル intraverbal と呼ばれる。直訳すれば、「言語内」という意味である。小学生の頃に暗記した掛け算の九九がある。「ににんが……」とあれば「し」、「しく……」とあれば「さんじゅうろく」と、今でもすらすらと口をついて出る。「『麦の酒』と書いて何と読む？」と聞かれると、「ビール」と答える。「ににんが……」「しく……」「『麦の酒』と書いて何と読む？」という問いかけが言葉で行われ、それらの問いかけに対応する「し」「さんじゅうろく」「ビール」という言語行動を

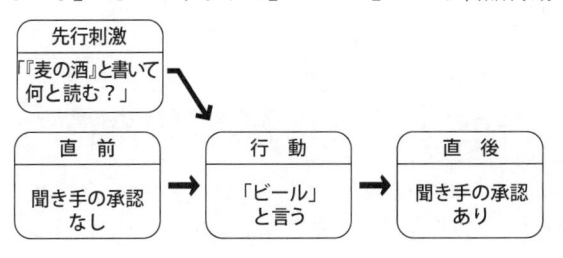

先行刺激		
「『麦の酒』と書いて何と読む？」		

直　前	行　動	直　後
聞き手の承認なし	「ビール」と言う	聞き手の承認あり

第5章　言語行動

制御している。このように「言語刺激が先行刺激となって、それに対応して自発される言語行動」がイントラバーバルである。

イントラバーバルの場合も、マンドと違って、行動が好子を特定しているわけではない。その点ではタクトと同じである。しかし、タクトが環境内の物や出来事にふれて発せられるのに対し、イントラバーバルのきっかけは物や事ではなく言語である。ただし、音声言語でも文字言語でもありうる。掛け算の九九が計算問題としてドリル帳のように与えられることもあるが、授業中に口頭で聞かれる場合もある。

エコーイック

第4の言語行動は、エコーイック ecohic と呼ばれる。エコー、すなわちこだまから造語されたもので、オウム返しに同じことを繰り返して言う言語行動である。たとえば、スペイン語の会話教室の様子は次のようになるだろう。

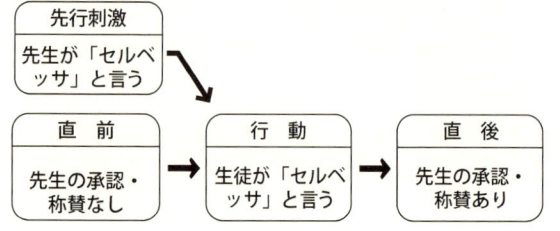

先行刺激
先生が「セルベッサ」と言う

直 前	行 動	直 後
先生の承認・称賛なし	生徒が「セルベッサ」と言う	先生の承認・称賛あり

ここで、生徒の方が「セルベッサ(スペイン語でビールの意)」と言う発話は、先生が「セルベッサ」と言ったこ

とが契機となってなされる。そして、できるだけ先生の発音をまねして「セルベッサ」と言うことが、先生の承認や称賛によって強化される。もちろん、発音が悪ければ直されることもあるだろうが、それでも、生徒の発話は、先生が聞いてくれることによって強化される。

ここでは、先生の「セルベッサ」は先行刺激であり、この音声刺激と同一の言語反応をすることが強化される。好子はもちろん、言語行動に規定されない。

文字が関与する言語行動

世界中に言語が何種類あるかについては、議論が多く定説はない。少数民族の滅亡とともに言語の数も減りつつあるが、それでも5000種類はあるといわれている。手話を除けば、これらの言語はすべて音声言語であるが、中には日本語や英語のように文字をもつ言語もある。したがって、文字をもつ言語共同体においては、文字言語が先行刺激になったり、文字を書くという言語行動が存在する。

たとえば、講演会に出席した時にメモを取る。これは、音声言語を先行刺激として、それに対応する文字を書きとめる行動であり、ディクテーション dictation（書き取り）と呼ばれる。外国語習得の際に、読みあげられた言葉を書き取る試験をさせられた経験をおもちの人は多いと思うが、それもディクテーションと呼ばれていたはずだ。

また、まさに今この本を読んでいる読者が行っていることであるが、文字を読むことも言語行動の1種である。こ

れは、文字言語を先行刺激として、読み取ることが行動であり、テクスチュアル textual と呼ばれている。

さらに、今でこそコピーが氾濫しているが、学生時代に友人のノートを写させてもらい、試験に備えた人も多いことだろう。できるだけ優秀なノートを探して、そのまま書き取るわけだが、文字言語を先行刺激として、それと同一の文字を書き取る行動である。これはまさに書き写し copying と呼ばれる。

以上の言語行動をわかりやすく表にまとめると次のようになる。

制御変数			制御関係	言語オペラント	強化
確立操作				マンド	特定
先行刺激	環境の事物・出来事		主題的一致	タクト	般性
	言語刺激	音声	形式的一致	エコーイック	
			形式的対応	ディクテーション	
		文字	形式的一致	コピーイング	
			形式的対応	テクスチュアル	
		音声・文字	主題的対応	イントラバーバル	

言語オペラントの種類

言語を随伴性で見るということ

なぜ、言語をこのように7種類（正確にいえば、オートクリティックと呼ばれる言語行動がもう1つある）に分けることができ、またそれがどのような意味をもつのだろう

か？　行動分析学で行動を見る時にもっとも大切なのは、繰り返しになるが随伴性である。言語をこれら7つに分けるのは、表に見られるように、それぞれ随伴性が異なるからである。逆にいえば、言語の形式はどうであれ、随伴性が同じであれば、それは同じ言語と見なされる。

　たとえば、居酒屋で「ビール！」と注文する場合でも、喫茶店で思いがけなくビールがあるのを発見して「ビール！」と思わず言う場合でも、「『麦の酒』と書いて何と読む？」と聞かれて「ビール」と答える場合でも、先生の発音につづいて「セルベッサ」と言う場合でも、実際に発せられた言葉の意味は同じ「ビール」である。もちろん、イントネーションなどの違いでそれぞれは区別できるにしても、言葉というものが音声のつらなりによって意味を伝達するものであるとするならば、これら4つは同じ言葉ということになる。しかし、これら4つの言語行動は、それぞれ、先行刺激や好子を異にしている。その意味で、音声のつらなりそのものは同じであっても、それぞれ異なる言語行動といえるのである。

行動の形式と機能

　また、次のような例を考えてみよう。同じ部屋で仕事をしている上司が、「今日は暑いね」と言ったとする。これを言葉そのものだけで考えれば、この上司が暑さを感じている、温度計の目盛りが高い、汗が出てきた、といった環境内の事物や出来事を契機として発せられた、上司による

第5章　言語行動　　171

タクトである。

　だから、「今日は暑いね」と言った上司に対して、「そうですね」とあいづちを打ったとしよう。これがもし本当にタクトであれば、「そうですね」と上司の発言に同調することで、上司の行動は強化される。しかし、「そうですね」というあなたの反応に対して、上司はムッとした顔をする。なぜだろう。それは、これが形式はいかにタクト的であろうとも、実態は純粋なタクトではないからである。それでは、上司の一言は、あなたのどのような対応によって強化されるのだろうか。それは、エアコンをつけるとか、温度設定を変えるとか、窓を開けるとかいう反応である。

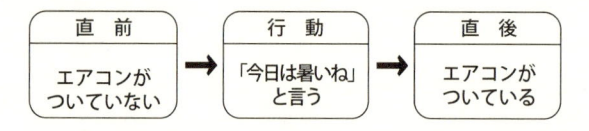

直前	行動	直後
エアコンがついていない	「今日は暑いね」と言う	エアコンがついている

　この言語行動は、7種類のうちのどれに当たるだろうか。それは、もちろん、マンド以外にはありえない。「今日は暑いね」という上司の発話の中に、(暑いから) 部屋の温度を下げるという好子が特定されている。つまり、この場合の「今日は暑いね」という発話は、実は「エアコンをつけてくれ (窓を開けてくれ)」と言っているのと同じなのである。

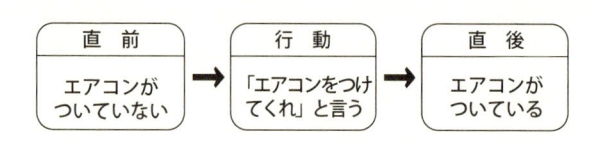

直前	行動	直後
エアコンがついていない	「エアコンをつけてくれ」と言う	エアコンがついている

「エアコンをつけてくれ」とあからさまに言わずに、遠回しに言っているだけの話である。したがって、この場合は「今日は暑いね」と「エアコンをつけてくれ」は、形のうえではまったく違うが、随伴性が同じであり（直前直後が同じである）、したがって両者のもつ機能は同じだといえるのである。このような例はとくに、タクトの形をとったマンドという点で、歪んだタクト distorted tact と呼ばれている。

　歪んだタクトは、日常生活に無数に見られる。授業の出席をきびしくチェックすることが義務づけられているわが大学では、遅刻をしてきた学生は、授業が終わるとやってきて「遅刻をしました」と言う。これも形のうえからはタクトである。始業時間に遅れてきた、出席をとった時にいなかった、という事実を述べている言語行動だからだ。しかし、学生のその言語行動に対して、聞き手である私が、「ああ、そうですか」とか「わかりました」と返答しても好子にはならない。本当の好子は、出席をとった時にまだ来ていなくて返事ができなかったために「欠席」と記入されている出席簿を「遅刻」に書き直すことである。
「おかあさん、おなかすいた！」と叫びながら家に駆け込んでくる子供は、単に自分が空腹であるという事実をタクトしているのではない。これは機能の点では、「ごはんを早く食べさせてください」という要求マンドと同じであり、食事によってしか強化されない。

第5章　言語行動

言語行動としての非言語行動

また、言葉を発したり、文字を書いたりしているわけではないが、随伴性は言語行動と同じであり、広い意味で言語行動と見なしてもよいような行動もある。

たとえば、花火で遊ぶことは、言葉とは何の関係もない。もし、花火の美しさに魅せられて、純粋に1人で花火遊びをしているのならそうである。

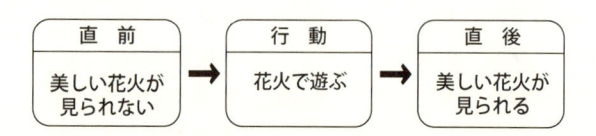

直　前	→	行　動	→	直　後
美しい花火が見られない		花火で遊ぶ		美しい花火が見られる

しかし、こういう人は珍しい。1人で花火で遊ぶというのはいかにも寂しい話で、そういう人はめったにいない。花火はたいてい家族や友だちとなど複数の人間同士でするものである。そうだとすれば、この時の花火遊びは、言語行動としての側面をもっている。

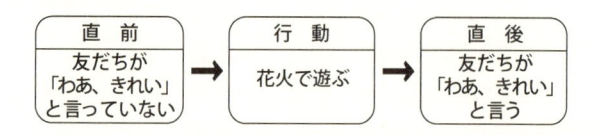

直　前	→	行　動	→	直　後
友だちが「わあ、きれい」と言っていない		花火で遊ぶ		友だちが「わあ、きれい」と言う

この場合は、友だちすなわち他者の反応が花火で遊ぶことを強化している点で、言語行動と見なすことができる。

また、トイレに入る時に、トイレットペーパーがないことに気づいたならば補充する。自分が入る前にとるこの行

動は、形式的な観点からはもちろん、機能的な観点からも言語行動とは何の関係もない。なぜなら次のダイアグラムのように、この場合には、トイレットペーパーを補充する行動を強化することに、他者は何の関与もしていないからである。

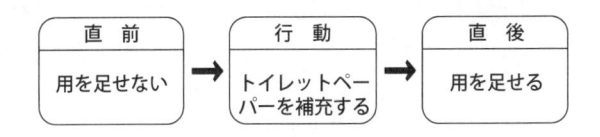

直　前	行　動	直　後
用を足せない	トイレットペーパーを補充する	用を足せる

　一方、自分がトイレに入った時に、トイレットペーパーはすでに残り少なく、ついに自分が使いきってしまったとする。この時に、そのまま出てきてしまう人もたくさんいるだろうが、中には次に使う人のために補充してあげる人もいる。すばらしいことだ。この行動は、行動それ自体は、形式のうえでは、自分が使うために補充することとまったく同じである。しかし、随伴性は違う。

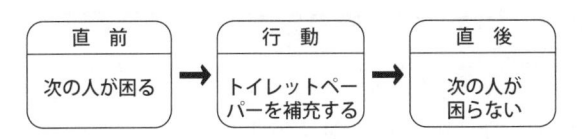

直　前	行　動	直　後
次の人が困る	トイレットペーパーを補充する	次の人が困らない

　用をすませたあとにトイレットペーパーを補充しようとしまいと、自分自身にとっては直接の好子はない。自分が使うためではなく、次に使う人のために補充する行為は、他者を媒介にして強化される。いってみれば、他者の存在があるからこそ強化される。そういう意味では、トイレッ

第5章　言語行動　　175

トペーパーを補充する行為さえ、言語行動と見なせるのである。

それでは、なぜこのような行動が強化されるのだろうか。自分のために補充する行為は自己完結的であるから、1度そうした随伴性を経験すれば、小さな子供でもすぐにその行動は強化され、習得される。しかし、次の人のために補充する行為は、他者によってしか強化されえないのであるから、他者の存在がなければ習得できない。すなわち社会が教えなければ決して習得できない。

第2章で、電気をつける行為と電気を消す行為とでは随伴性がまったく違い、動作そのものはいかに似ていようともまったく異なる行動であると説明した。電気をつける行為は、自分が使う前にトイレットペーパーを補充する行為と同様に自己完結的である。一方、電気を消す行為は、他者を介してしか強化されない。したがって、社会が教えなければ習得できないし、維持されないのである。

言語獲得

人間がどのようにして言語を獲得したのかという進化の過程に関する研究は、脳研究の進歩とあいまって、近年ますます新しい興味深い知見が加えられている。したがって、ここでは系統発生的な言語の獲得過程については多くの他の良書に譲り、随伴性という観点で見た時に、言語の獲得がどのような意味をもっているのか考えてみたい。

スキナーの『言語行動』は、1957年の発刊以来、数多く

の誤解と非難にさらされてきた。古くはチョムスキーによる批判であり、近年であっても勁草書房の『現代言語学の潮流』(山梨正明・有馬道子著)における誤解がある。スキナー自身は、『言語行動』の中で、言語がどのようにして獲得されるのかについて述べているわけではない。しかし、スキナーといえばオペラント条件づけ、オペラント条件づけといえば新しい行動の獲得という杓子定規的な発想から、この誤解はいまだに消えていない。

ただし、だからといって、行動分析学の言語行動論が言語獲得と無関係かというとそうではない。そもそも、言語をそれが意味する言葉としてではなく、言語行動として扱うのは、通常の行動と同じ原理で分析できるからであった。したがって、通常の行動が強化の原理によって、獲得、維持されているからには、言語行動もまた強化の原理によって獲得、維持されると考えるのは自明のことである。そして、言語の獲得に問題があるならば、行動の原理によって獲得を促すことを考えるようになる。スキナーはそれをしなかったとしても、スキナー以後の研究者が、この考え方を言語獲得の実践に用いようとしたのは、必然の成り行きであろう。

行動分析学の応用領域で、現在に至るまでもっとも花開いたのは障害児教育の分野であるが、言葉に遅れがあったり言葉が話せなかったりする子供たちに対して、いかにコミュニケーションを獲得させるかは、社会が要請する重大事の1つである。行動分析学的言語観が、発達障害児や自

閉症児の言語獲得にいかに貢献してきたかの例をあげると、国の内外を問わず枚挙にいとまがない。

近年では特筆すべきものとして、米国のアンディ・ボンディ博士が開発したPECS（Picture Exchange Communication System 絵カード交換コミュニケーションシステム）と呼ばれる発達障害児や自閉症児の言語習得を促進する手法がある。従来の言語習得法では、いうまでもなく言葉の発声そのものを教えることに重点をおいていたのに対し、PECSでは言語行動の機能に着目した。PECSに限らず言語習得訓練の多くは、マンドを獲得させることから始める（健常の子供が最初に覚える言葉も要求マンドである）。たとえば、「クッキー」という言葉をエコーイックとして教えて、それが上手に言えた時に、聞き手が実際にクッキーを手渡すというものである。一方、PECSでは、「クッキー」と発話させるのではなく、クッキーの絵が描いてあるカードを子供に持たせ、子供がそれを聞き手に手渡すことによって、聞き手はクッキーを与える。両者をダイアグラムで書くと次のようになる。

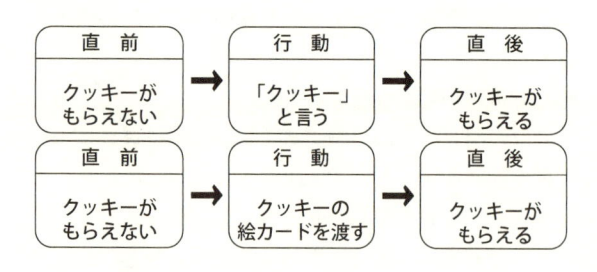

直前	行動	直後
クッキーがもらえない	「クッキー」と言う	クッキーがもらえる
クッキーがもらえない	クッキーの絵カードを渡す	クッキーがもらえる

「クッキー」と発話することと、クッキーの絵カードを手渡すこととは、形式上はまったく違う行為であるが、随伴性は同じであるから、機能の点では同じといえる。どちらも好子が行動の中に特定されているからマンドである。話し手である子供が絵カードを聞き手に手渡し、聞き手は絵カードに描かれたものを子供に渡すという相互の営みは、マンドのもつ機能そのものである。PECSでは、言語行動を行為の形式（つまり音声）にとらわれず、機能に注目した点が重要なのである。

指さしと言語

マンドやタクトといった言語行動を行動の原理を使った訓練によって獲得させることで、こうした子供たちの生活の質をあげることに成功した。しかし、随伴性で言語を考えることは、単にマンドやタクトなど、必要な言語技能を獲得することだけを目標とするものではない。たとえば、指さしという行動を考えてみよう。指で何かをさし示すという行為は、健常児であれば生後10ヶ月頃から生じるが、形式の点では言葉と何の関係もないように見える。しかし、乳幼児に限らずわれわれ大人の場合であっても、指さしがどのような随伴性で生じているかを考えると、そうでもないことがわかる。

誰かが空を見上げて指さすと、それを見た人は、指をさした方向に目を向ける。誰かが新聞を読みながら、テレビのリモコンを指さすと、それを見た人はリモコンを取って

手渡す。私たちの社会にはそのような随伴性が存在する。

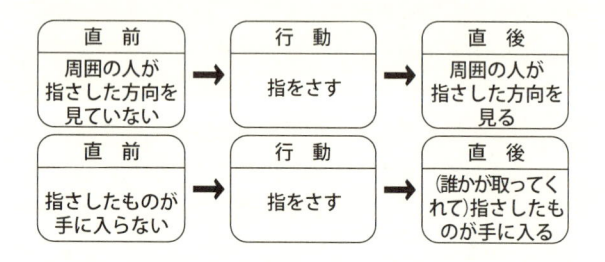

直前	行動	直後
周囲の人が指さした方向を見ていない	指をさす	周囲の人が指さした方向を見る
指さしたものが手に入らない	指をさす	(誰かが取ってくれて)指さしたものが手に入る

　まったく無言でこの指さしが行われたとしても、どちらの場合でも、他者の反応を引き出すことができる。他者が介在して強化される行動である点で、言語行動といえる。そしてどちらもマンドである。また、形式的にはまったく異なる別の行動で、この状況の変化を作り出すことができる。たとえば次のように。

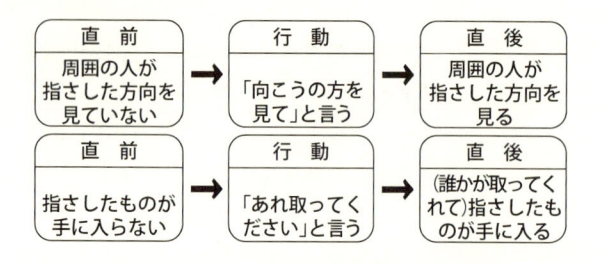

直前	行動	直後
周囲の人が指さした方向を見ていない	「向こうの方を見て」と言う	周囲の人が指さした方向を見る
指さしたものが手に入らない	「あれ取ってください」と言う	(誰かが取ってくれて)指さしたものが手に入る

　指をさすかわりに、「向こうの方を見て」とか「あれ取ってください」と言っても、話し手は同じ好子を手にできる。したがって、指さしは、「向こうの方を見て」「あれ取ってください」と形式こそ違え、同じ機能を有している。

そうであれば、もし何らかの障害によって言語獲得や発話に問題がある場合、健常者のコミュニケーション手段である言語の獲得に主眼をおくのではなく、それと同じ機能を有する達成可能な代替行動を確立させるという発想に容易に移行できる。もちろん、その代替行動が十分な強化を受けられることを確認する作業が必要でもあろうし、聞き手が強化を与えられるように、聞き手の側に訓練が必要になることもある。

聾者社会 Deaf Community で使われている手話は、今なおさまざまな誤解と偏見のもとにおかれている。単なるジェスチャーにすぎないとか、音声言語を手で表示しているだけであるといったものである。しかし、1960年にウィリアム・ストコーが示して以来、現在では、手話は音声言語と同様に、独自の文法を有した人間の自然言語と見なされている。しかし、音声言語で話しかければ、ほとんどすべての聞き手から即座に強化が得られるだろうが、手話で話しかけても、聞き手が手話を知らない限り、強化を得られる保証はほとんどない。聞き手側の訓練が必要になるというのは、そういうことである。

私的出来事のタクト

ここまで見てきたように、言語というのは聞き手である他者なしには存在しえない。したがって、言語は聞き手が作る、言語共同体が作るものだといってよい。しかし、ここで問題となるのは、感覚や感情の私的体験である私

的出来事の問題である。自分自身の感覚や感情は、スキナーの言葉を借りれば「自分の皮膚の内側にある出来事」（『Science and Human Behavior 科学と人間行動』）である。この皮膚の内側で経験している、他者では体験できない出来事を表現する言葉が、なぜ習得できるのであろうか。たとえば、自分が皮膚の内側で感じるある感覚に対して、それが「痛い」とタクトできるのは、なぜかということである。

　これが、「ネコ」という言葉であれば何の問題もない。子供が家の前にいる四つ足の小動物を見た時に、大人が「これはネコよ」と教えれば、おそらくエコーイックが起こるだろう。次に子供自ら「ネコ」とタクトした時には、聞き手となった大人が強化すればよい。ネコは話し手である子供にも、聞き手である大人にも見えているという点で、公的な刺激である。公的な刺激に対するタクトは、聞き手にも正誤は明らかであるから、適切に教えることができる。たとえば、イヌを見て「ネコ」と言ってしまったら、「それはイヌだ」と訂正することができる。しかし、話し手の皮膚の内側にある私的刺激はそうはいかない。聞き手は話し手の「痛み」を直接感じることはできない。

　スキナーは、私的出来事の場合でも４つの方法でタクトが可能であると述べている。

①私的刺激に対応した公的刺激がある場合

　たとえば、ころんでひざをすりむいて「痛み」を感じて

いる時、痛みそのものの感覚は本人だけに属する私的刺激であるが、血が流れていたり、青痣ができたりした場合には、出血や青痣は他者にも見えるから、公的刺激となりうる。したがって、他者は、それを手がかりとして「痛いのね」とタクトでき、この経験を通して、のちには本人自身が「痛い」とタクトした時、これを強化しうる。

②私的刺激に対応して他者に観察可能な行動（他者にとっての公的刺激）が生じる場合

出血や青痣がなくても、ころんだ本人が痛そうに顔を歪めていたり、泣いたりすれば、それが他者にとっての公的刺激となり、それを手がかりとして「痛いのね」とタクトでき、この経験を通して、のちには本人自身が「痛い」とタクトした時、これを強化しうる。

③他者に観察可能な行動が、同時に私的刺激でもある場合

緊張する場面で赤面する場合、赤面していることは、顔色の変化という他者に観察可能な行動であるとともに、話し手にとっては私的刺激である。私は赤面症ではないが、私の教える学生の1人は、セルフ・マネジメントの実験で赤面症を克服した。彼女によれば、顔が赤くなったというのは、自分にとっても明らかに刺激として機能するそうである。この時、同じ言語共同体に属する他者は、話し手の「はずかしい」というタクトを強化することで、これを形成、維持できる。

④公的な刺激を弁別刺激とするタクトが、その公的刺激

第5章　言語行動

と私的刺激間の関連により、私的刺激に拡張される場合

　手から離れたボールが地面にバウンドしている時、日本語言語共同体の中では、その出来事は「ボールが弾む」とタクトされる。話し手が、この「弾む」という公的刺激と類似した情動状態にある時、私的刺激であるその情動状態を、「心が弾む」とタクトでき、このタクトは日本語言語共同体では強化される。

　マサチューセッツ工科大学の下條信輔博士は『〈意識〉とは何だろうか』という自著の中で、私的出来事を叙述する言語の獲得に関し、これと同様の見解を示し、「他者が意識発生の土壌となる」と喝破している。その点で、この本は、行動分析家である私にとって非常に感動的であった。それのみならず、この本のキーワードとなる「来歴」という語は、行動分析学の言葉でいえば、過去の「随伴性の蓄積」と翻訳可能である。

　いずれにしても、言語は他者、すなわち社会が作るものなのである。

あとがき

　人は、自分はもとより、他者の行動にも関心をもたずにはいられない。「なぜ、自分はこんなことをしてしまったのか」「なぜ、あの人はあんなことをするのだろうか」と。「なぜ」という問いは、すなわち、「行動の原因」を知ろうとすることだ。そして、通常は、その答えを心に求めようとする。

　目の前にお菓子がある。なぜ食べるのか。食べたかったからだ、と。あるいは、好きなお菓子を目の前にして、食べないで我慢する人もいる。なぜか。痩せようと思うからだ。

　行動分析学という心理学は、それでは納得しない。食べたいという欲求や、痩せようという意志が生まれる、さらなる原因を考える必要があるからだ。欲求や意志のような心は、行動を生み出す原因ではなく、それ自体が、原因を求められるべき研究対象なのである。科学の用語を使えば、心は行動の原因となる独立変数なのではなく、それ自体、従属変数そのものである。さらにいえば、心は、目に見える行動と同じ原理で制御される「行動」なのである。

　行動分析学は、行動の原理を明らかにし、問題のある行動に対しては、その原理に基づいた改善をめざす科学である。したがって、本書を読むことによって、日常生活で起こる行動を理解し、自分自身や他の人々の行動を、よりよ

く制御する方法を考えることができるようになる。

そのために、本書では、行動分析学でもっとも特徴的な、独特な行動のとらえ方を概説することに力を注いだ。行動分析学では、行動を、欲求や意志のような心ではなく、「行動随伴性」という概念で理解しようとする。随伴性、すなわち、行動のあとに「従い」、あるいは、行動と同時に「伴う」出来事が将来の行動を決定するという考え方である。どのような出来事が行動に随伴するかによって、将来の行動の頻度や方向性が変わってくる。随伴性は8種類考えられているが、本書では基本的なもの4種類を取りあげた。この4種類をマスターすれば、日常生活をこれまでと違う視点で見ることができるようになるだろう。

21世紀は心の時代である、といわれるようになって久しい。それは一般社会だけではなく、アカデミックな世界でも同じで、心理学を学ぶことができる大学の数は、私が学生だった頃と比較して格段に増えている。しかし、心という言葉を安易に用いることの危うさも、もう少し考える必要はあると思う。心は心理学の研究対象であると同時に、日常語でもある。心という言葉を使う時、その意味するものは何なのかを考えずにいることは危険である。

本書に書かれたことがらは、従来の心理学のイメージとはずいぶんかけ離れていると感じた読者も少なくないだろう。なぜこれが心理学なのかと、とまどった人もあったであろう。しかし、心というものは、うまくいかない時の言い訳に使う以上の価値がある。この小さな本が心を考える

ための一助となれば幸いである。

　米国の心理学者にしてプラグマティズムの代表者、ウィリアム・ジェームスは、その著書『宗教的経験の諸相』の中で、"Why shouldn't I"の精神について述べている。1998年に『行動分析学入門』（産業図書）を上梓したのは、まさにその精神に殉じたからである。本文で述べたように、さまざまな心理学がある中で、当時、行動分析学全体について日本語で体系的に書かれたものはなく、多くの学生にとって、とりわけ初学者にとって障壁になっていた。若い後輩たちのそうした嘆きを繰り返し目の当たりにしての、Why shouldn't I であった。

　それから2年経ったある日、面識のない編集者から1通のメールを受け取った。行動分析学の一般書を新書で書いてほしい、という思いがけないお申し出であった。彼は、前書は「入門」とうたってあるものの、分量のうえでも内容のうえでも、必ずしも入門書とはいいがたく、行動分析学はもちろん、心理学にもなじみのない読者のための、本当の意味での入門書を著わして、行動分析学という心理学が世の中にあるのだ、心の問題を扱う時にこのように考えることも可能なのだ、ということを世に知らしめることの意義を切々と説かれるのであった。自らの仕事への賞賛以上の好子はない。

　そこでふたたび Why shouldn't I である。

　本書は、何をさておき、はじめて行動分析学にふれる一般の読者のために書いた。それにもかかわらず、生業のな

せるわざで、どうしても教科書的になるのを避けえなかったことは、痛恨の極みである。また、専門用語をなるべく避けることも考えなくはなかったが、行動分析学に限らず、ものの見方は、使う言葉によっても大きく左右される。行動分析学の切り口で人間を観察するには、行動分析学の用語の使用は不可欠でもある。

　本書は、インターネットの情報を頼りに一面識もない私にメールを送り、はるか京の都から赤坂台上へ足を運ばれ、執筆を説得されただけではなく、引きつづき編集の労をお執りくださった編集プロダクション・関西シーエスの代表、高木伸浩さんなしには世に出ることはなかった。記して感謝する。

　最後に、この小さな本を、長期にわたる執筆の間、常に支えとなった同志に捧げます。

　2005年7月

　　　　　　　　　　赤坂台上にて　　杉山尚子

引用・参考文献

Ayllon, T. & Michael, J., The psychiatric nurse as a behavioral engineer. *Journal of the Experimental Analysis of Behavior*, 2, 323–334, 1959.

Bentall, R. P., Lowe, C. F. & Beasty, A., The role of verbal behavior in human learning: Ⅱ. Developmental differences. *Journal of the Experimental Analysis of Behavior*, 43, 165–181, 1985.

Chomsky, N., *Language and thought*. Wakefield, R. I.: Moyer Bell, 1993.

Fulton, B. J. & Malott, R. W., The structured meeting system: A procedure for improving the completion of nonrecurring tasks. *Journal of Organizational Behavior Management*, 3, 7–18, 1982.

Green, G. R., Linsk, N. L. & Pinkston, E. M., Modification of verbal behavior of the mentally impaired elderly by their spouses. *Journal of Applied Behavior Analysis*, 19, 329–336, 1986.

Guttman, N. & Kalish, H. I., Discriminability and stimulus generalization. *Journal of Experimental Psychology*, 51, 79–88, 1956.

Komaki, J. L., *Leadership from an operant perspective*. London: Routledge, 1998.

Lagmay, A. V., *The human reaches of B. F. Skinner's science: A personal memoir*. 行動分析学研究, 5, 115–119, 1990.

Lombard, D., Neubauer, T. E., Canfield, D. & Winett, R. A., Behavioral community intervention to reduce the risk of skin cancer. *Journal of Applied Behavior Analysis*, 24, 677–686, 1991.

長田久雄編『看護学生のための心理学』医学書院, 2002.

O'Donohue, W. & Ferguson, K. E., *The psychology of B. F. Skinner*. Sage Publications, 2001.

Poling, A., *A primer of human behavioral pharmacology*. New York: Plenum Press, 1986.

Rosenfeld, H. M. & Baer, D. M., Unbiased and unnoticed verbal conditioning: The double agent robot procedure. *Journal of the Experimental Analysis of Behavior*, 14, 99-107, 1970.

下條信輔『〈意識〉とは何だろうか』講談社現代新書, 1999.

Scott, D., Scott, L. M. & Goldwater, B., A performance improvement program for an international-level track and field athlete. *Journal of Applied Behavior Analysis*, 30, 573-575, 1997.

Skinner, B, F., *The behavior of organisms*. New York: Appleton-Century-Crofts, 1938.

Skinner, B. F., *Science and human behavior*. New York: Macmillan, 1953 (河合伊六他訳『科学と人間行動』二瓶社, 2003).

Skinner, B. F., *Verbal behavior*. New York: Appleton-Century-Crofts, 1957.

Skinner, B. F., *The non-punitive society*. 行動分析学研究, 5, 98-106, 1990.

杉山尚子他『行動分析学入門』産業図書, 1998.

杉山尚子(すぎやま なおこ)

東京都生まれ。1988年、慶應義塾大学大学院心理学専攻博士課程修了。山脇学園短期大学助教授。2000年より日本行動分析学会常任理事、04年より日本行動科学学会事務局長。行動分析学の日本での研究、普及に全力を傾けている。共著に『行動分析学入門』(産業図書)、『看護学生のための心理学』(医学書院)、共訳に『うまくやるための強化の原理』(二瓶社)など。

行動分析学入門
こうどうぶんせきがくにゅうもん

2005年 9月21日　第 1 刷発行　　　　　　　　集英社新書0307E
2024年11月 6日　第28刷発行

著者………杉山尚子
発行者……樋口尚也
発行所……株式会社集英社

東京都千代田区一ツ橋2-5-10　郵便番号101-8050
電話　03-3230-6391(編集部)
　　　03-3230-6080(読者係)
　　　03-3230-6393(販売部)書店専用

装幀………原　研哉
印刷所……大日本印刷株式会社　TOPPAN株式会社
製本所……加藤製本株式会社

定価はカバーに表示してあります。

© Sugiyama Naoko 2005

ISBN 978-4-08-720307-3 C0211

Printed in Japan

造本には十分注意しておりますが、乱丁・落丁(本のページ順序の間違いや抜け落ち)の場合はお取り替え致します。購入された書店名を明記して小社読者係宛にお送り下さい。送料は小社負担でお取り替え致します。但し、古書店で購入したものについてはお取り替え出来ません。なお、本書の一部あるいは全部を無断で複写・複製することは、法律で認められた場合を除き、著作権の侵害となります。また、業者など、読者本人以外による本書のデジタル化は、いかなる場合でも一切認められませんのでご注意下さい。

a pilot of wisdom

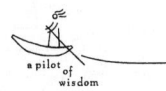

集英社新書　好評既刊

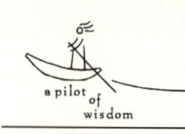

慶應義塾大学文科教授　永井荷風
末延芳晴　0959-F
「性」と「反骨」の文学者・荷風の教育者としての実像と文学界に与えた影響を詳らかにした初めての評論。

一神教と戦争
橋爪大三郎／中田 考　0960-C
西欧思想に通じた社会学者とイスラーム学者が、衝突の思想的背景に迫り、時代を見通す智慧を明かす。

安倍政治 100のファクトチェック
南 彰／望月衣塑子　0961-A
第二次安倍政権下の発言を○、△、×で判定。誰がどのような「嘘」をついたか、本格的に明らかになる！

「考える力」を伸ばす AI時代に活きる幼児教育
久野泰可　0962-E
長年にわたり幼児教育を実践してきた「こぐま会」の、考える力、物事に取り組む姿勢の育み方を伝授する。

本当はこわい排尿障害
高橋知宏　0963-I
中高年の約半数が抱えるという排尿障害の知られざるメカニズムを、この道四〇年の泌尿器科医が解説する。

近現代日本史との対話【幕末・維新─戦前編】
成田龍一　0964-D
時代を動かす原理＝「システム」の変遷を通して歴史を描く。〈いま〉を知るための近現代日本史の決定版！

「通貨」の正体
浜 矩子　0965-A
得体の知れない変貌を見せる通貨。その脆弱な正体を見極めれば未来が読める。危うい世界経済への処方箋！

わかりやすさの罠 池上流「知る力」の鍛え方
池上 彰　0966-B
"わかりやすさ"の開拓者が、行き過ぎた"要約"や"まとめ"に警鐘を鳴らし、情報探索術を伝授する。

羽生結弦は捧げていく
高山 真　0967-H
さらなる進化を遂げている絶対王者の五輪後から垣間見える、新たな変化と挑戦を詳細に分析。

近現代日本史との対話【戦中・戦後─現在編】
成田龍一　0968-D
人々の経験や関係が作り出す「システム」に着目し、日中戦争から現在までの道筋を描く。

既刊情報の詳細は集英社新書のホームページへ
http://shinsho.shueisha.co.jp/